*500 Hidden Secrets*

# BRÜSSEL

BRUCKMANN

# EINLEITUNG

Dieser Reiseführer lädt Sie ein, die verborgenen Seiten von Brüssel zu erkunden. Alle hier vorgestellten Tipps würde der Autor auch einem guten Freund geben, so wie einen aufregenden neuen Kultur-Hotspot in einem ehemaligen Industriebau aus dem 19. Jahrhundert, ein cooles neues Restaurant mit einem versteckten Dachgarten oder einen kleinen Park abseits der ausgetretenen Pfade.

In Reiseführern und auf Websites können Sie bereits alles über die bekannten Touristenattraktionen nachlesen – sie sollen nicht im Mittelpunkt dieses Buches stehen. Die Philosophie der *500 Hidden Secrets* ist es, eher abseits gelegene und weniger bekannte Orte und Sehenswürdigkeiten vorzustellen, wie das Café im obersten Stockwerk der Nationalbibliothek, eine mit 140 Figuren aus *Tim-und-Struppi*-Abenteuern dekorierte Metrostation oder ein Programmkino mit nur 20 Sitzplätzen.

In diesem Reiseführer sollen Sie auch etwas über alle die Menschen erfahren, die diese Stadt geprägt haben, wie den Maler René Magritte, den Comiczeichner Hergé (der Erfinder von *Tim und Struppi*) oder den Jugendstil-Architekten Victor Horta, der mit seinen Entwürfen völlig neue Wege ging.

Lassen Sie sich von dem Autor mit auf die Reise in ein Brüssel nehmen, das sogar vielen Einheimischen unbekannt ist. Dabei werden Sie es zwar sicher nicht schaffen, sich alles anzusehen, aber versuchen Sie zumindest, ein Gueuze-Bier in einer der 5 besten Bars zu trinken, in einem der 5 besten Fischrestaurants zu essen und eines der 5 besten kleinen Museen zu besuchen. So entdecken Sie mit diesem Buch in der Hand eine der interessantesten Städte Europas!

# ÜBER DAS BUCH

Dieser Reiseführer listet 500 wissenswerte Tipps zu Brüssel in 100 verschiedenen Kategorien auf. Bei den meisten handelt es sich um Orte, deren Besuch sich lohnt, und um praktische Informationen, die Ihnen helfen sollen, sich zurechtzufinden und die Stadt und ihre Bewohner besser kennenzulernen. Dieses Buch soll inspirieren, anstatt die Stadt von A bis Z zu erfassen.

Zu jedem Eintrag sind eine Nummer, die Adresse sowie der jeweilige Stadtbezirk (z. B. Ixelles oder Europa-Viertel) angegeben, damit Sie die Orte auf den Karten am Anfang des Buches finden. Suchen Sie nach der Karte des entsprechenden Stadtteils und dann nach der Nummer. Da in Brüssel überwiegend Französisch gesprochen wird, werden die Adressen auf Französisch angegeben. Wichtiger Hinweis: Diese Karten sind nicht besonders detailliert und können nur einen groben Überblick geben. Die Brüsseler Touristeninformation gibt einen sehr guten Stadtplan heraus, den Sie sich in der Rue Royale 2 abholen können. Oder geben Sie die jeweilige Adresse einfach in Ihr Smartphone ein.

Bitte denken Sie auch daran, dass sich eine Stadt ständig verändert, dass der hochgelobte Chefkoch vielleicht ausgerechnet bei Ihrem Besuch einen schlechten Tag hat. Oder dass ein in diesem Buch so ausgezeichnet bewertetes Hotel inzwischen unter neuem Management vielleicht seine Qualität einbüßt. Dazu ist die hier vorgestellte Auswahl eine sehr persönliche, mit der Sie nicht immer übereinstimmen werden. Wenn Sie eine Korrektur vorschlagen, eine Bar empfehlen oder aber seinen Lieblingsort in Brüssel verraten möchten, so besuchen Sie bitte *www.the500hiddensecrets.com* – hier finden Sie auch Tipps und Neuigkeiten zu dieser Buchreihe – oder folgen Sie *@500hiddensecrets* auf Instagram.

# DER AUTOR

Derek Blyth lebt seit über 25 Jahren in Brüssel. Er trinkt seinen Kaffee bei Karsmakers, kauft seinen Wein bei Mig's. Er radelt die Rue de la Paix hinunter, um sich in der Maison Renardy frische Croissants zu holen, isst gerne Muscheln im Les Brassins und trinkt Poperings Hommelbier im Ultime Atome.

Der Journalist und ehemalige Chefredakteur der englischsprachigen Brüsseler Wochenzeitschrift *The Bulletin* kennt die Stadt – und auch Belgien – wie seine Westentasche. Er hat bereits mehrere Bücher über Land und Leute geschrieben. Er organisiert Spaziergänge durch Brüssel, Antwerpen und Gent und betreibt die Website *www.mysecretbrussels.com*.

In die *500 Hidden Secrets Brüssel* hat der Autor viele Tipps – von Freunden, Familie, Journalisten und Heimatforschern – einfließen lassen. Sein Dank geht an Anna Blyth, Lucia Cabanova und Nathalie Piana, die die Adressen angesagter Clubs beisteuerten, sowie an Michel Verlinden und Pieter Vandoveren für die Restaurantvorschläge und an Katrien Lindemans für die Shopping-Tipps.

# BRÜSSEL
## *Überblick*

*Karte 1*

# ZENTRUM

ESSEN – TRINKEN – SHOPPEN – GEBÄUDE – ENTDECKEN – KULTUR – KINDER – SCHLAFEN – WOCHENENDE – LEUTE – QUERBEET

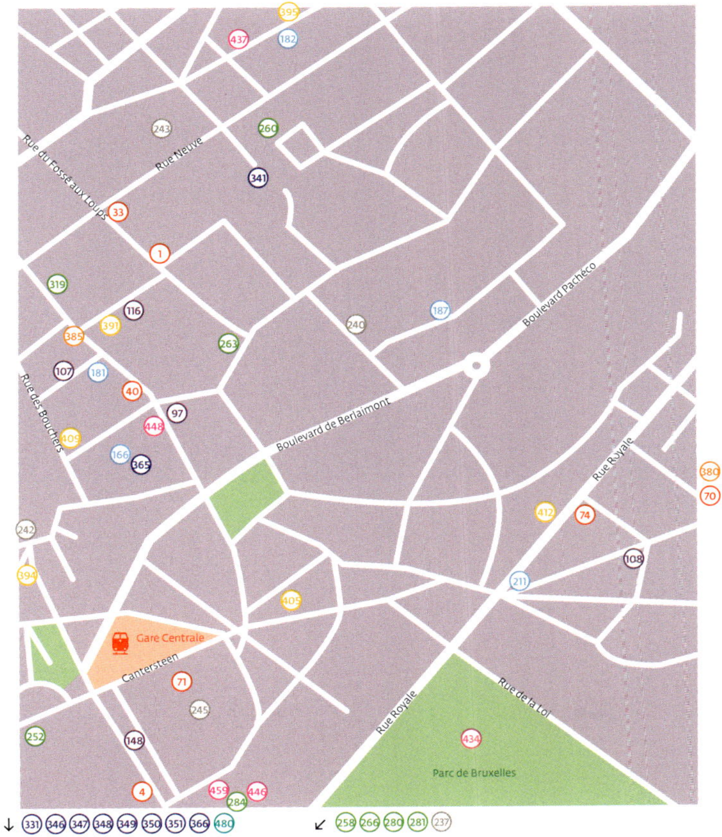


ESSEN – TRINKEN – SHOPPEN – GEBÄUDE – ENTDECKEN – KULTUR – KINDER – SCHLAFEN – WOCHENENDE – LEUTE – QUERBEET

# *Karte 2*

# DANSAERT-VIERTEL

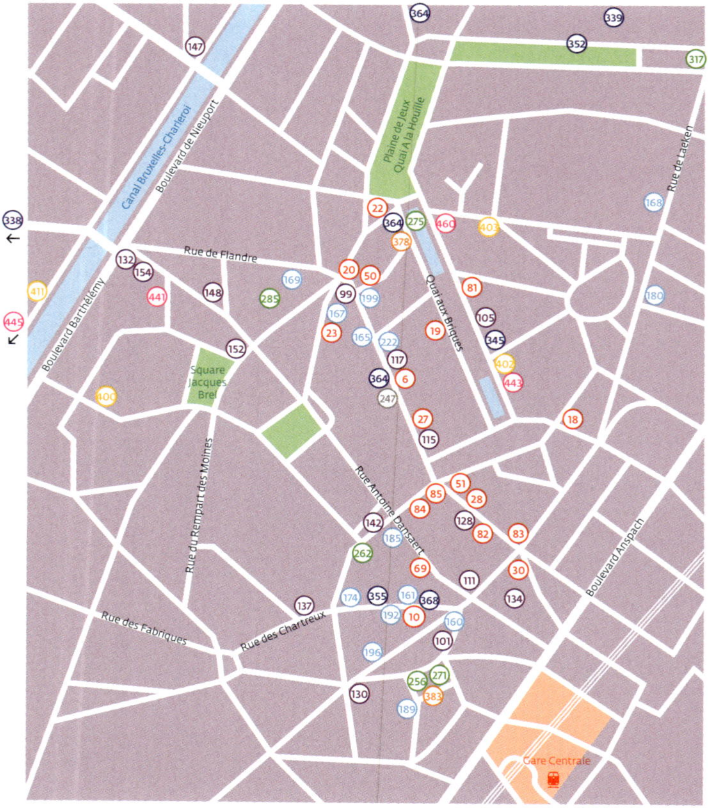


ESSEN – TRINKEN – SHOPPEN – GEBÄUDE – ENTDECKEN – KULTUR – KINDER – SCHLAFEN – WOCHENENDE – LEUTE – QUERBEET

# *Karte 3*

# SABLON *und* MAROLLES

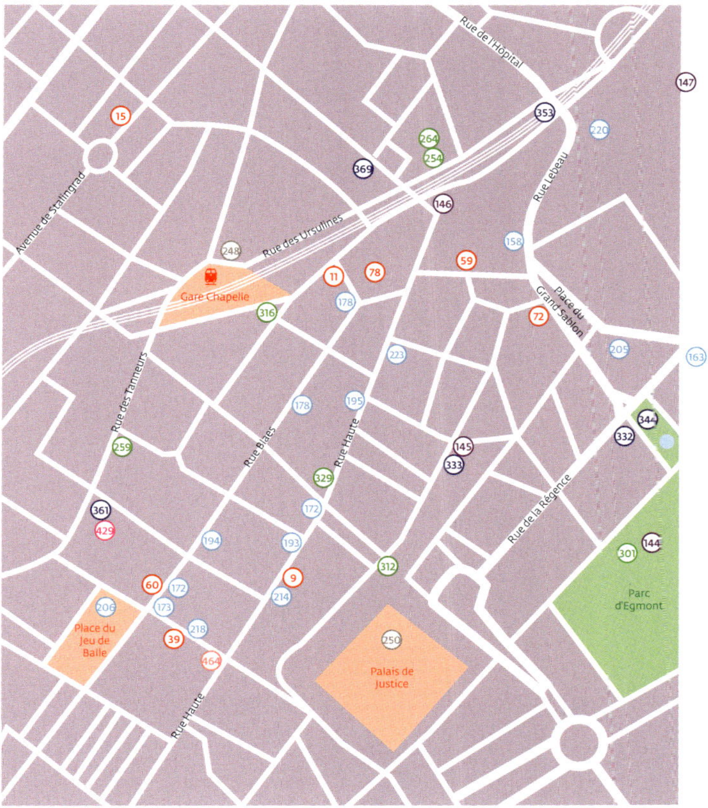


ESSEN – TRINKEN – SHOPPEN – GEBÄUDE – ENTDECKEN – KULTUR – KINDER – SCHLAFEN – WOCHENENDE – LEUTE – QUERBEET

*Karte 4*

# EUROPA-VIERTEL

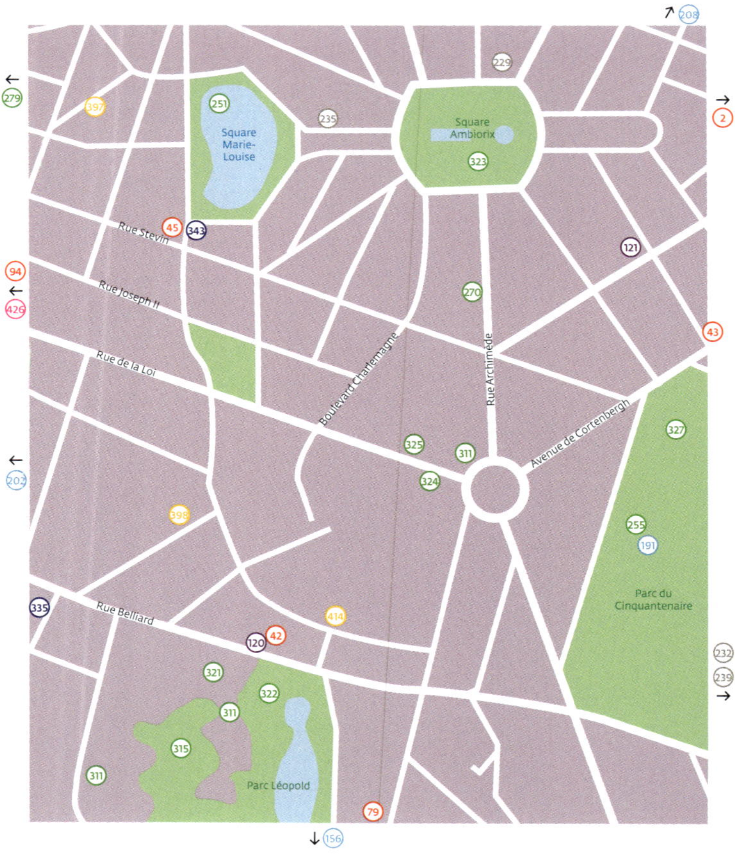


ESSEN – TRINKEN – SHOPPEN – GEBÄUDE – ENTDECKEN – KULTUR – KINDER – SCHLAFEN – WOCHENENDE – LEUTE – QUERBEET

# *Karte 5*

# LOUISEN-VIERTEL, IXELLES *und* UCCLE

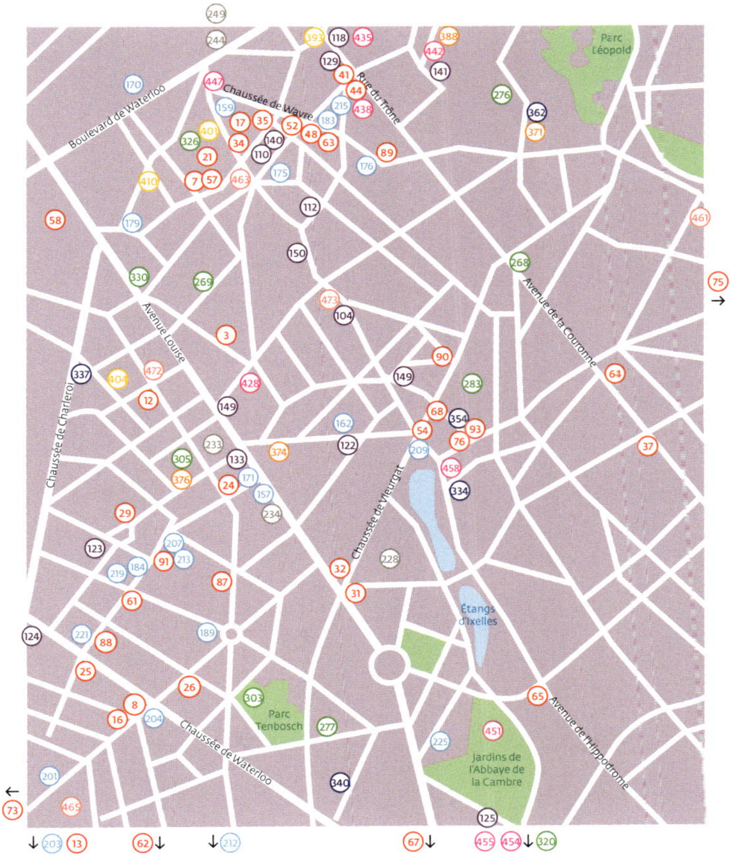


ESSEN – TRINKEN – SHOPPEN – GEBÄUDE – ENTDECKEN – KULTUR – KINDER – SCHLAFEN – WOCHENENDE – LEUTE – QUERBEET

*Karte 6*

# SAINT-GILLES

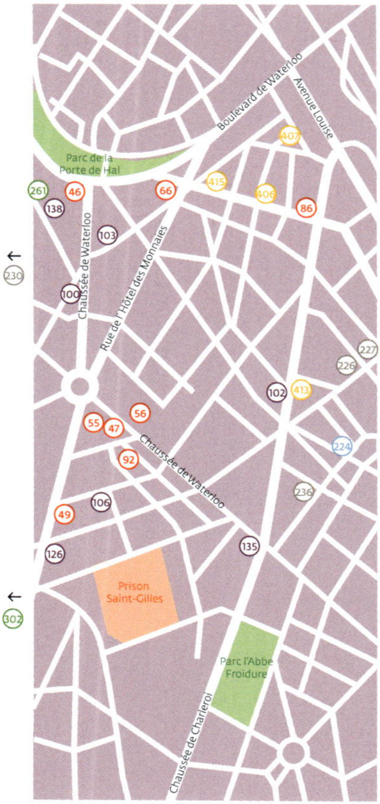


*Karte 7*

# ANDERLECHT

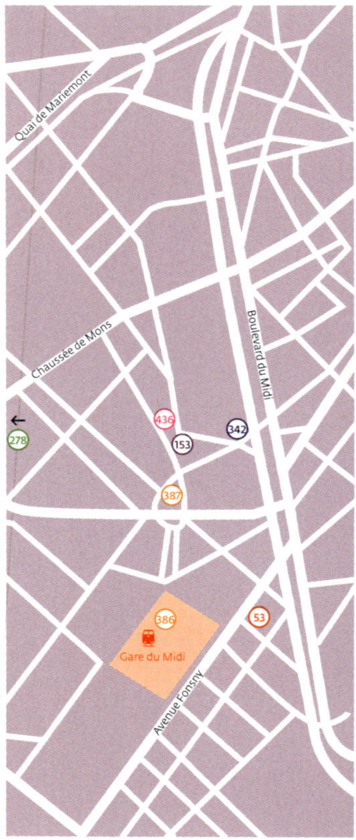


ESSEN – TRINKEN – SHOPPEN – GEBÄUDE – ENTDECKEN – KULTUR – KINDER – SCHLAFEN – WOCHENENDE – LEUTE – QUERBEET

## *Karte 8*

# SAINCTELETTE

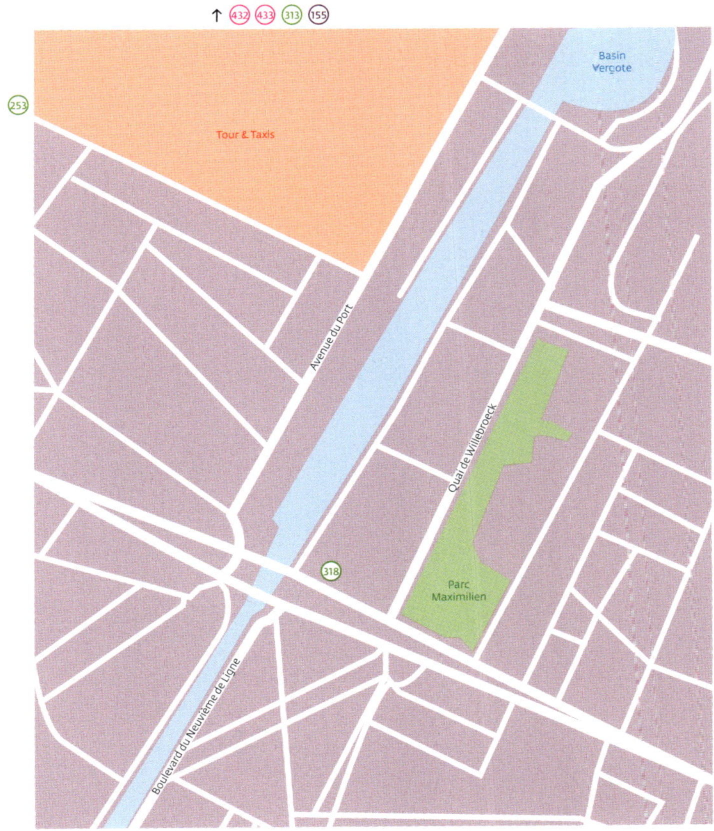

*Karte 9*

# SCHAERBEEK *und* SAINT-JOSSE

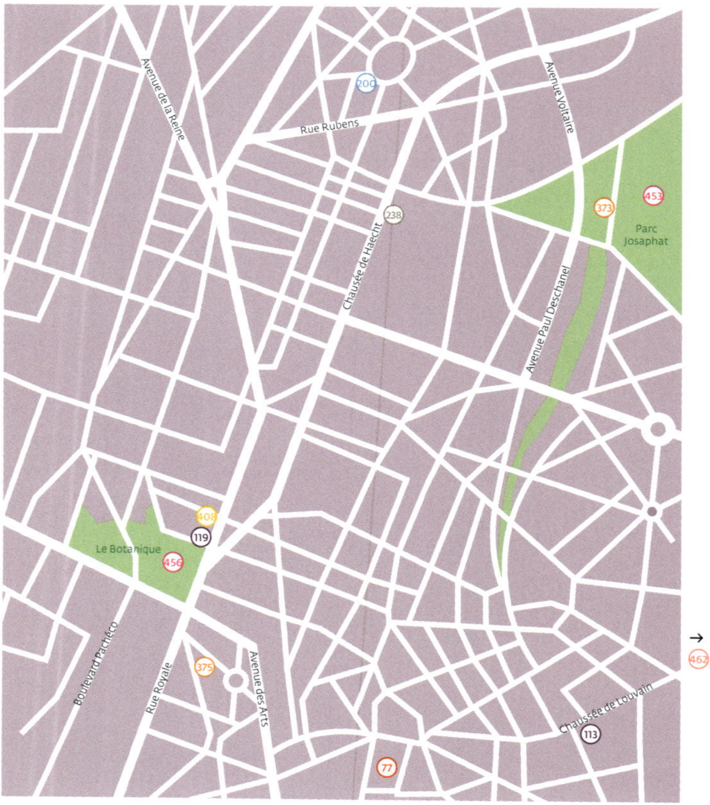


ESSEN – TRINKEN – SHOPPEN – GEBÄUDE – ENTDECKEN – KULTUR – KINDER – SCHLAFEN – WOCHENENDE – LEUTE – QUERBEET

11 LES BRIGITTINES

# 95 ORTE FÜR GUTES ESSEN

## *Die 5 originellsten*
# KONZEPT-RESTAURANTS

1 **BELGA QUEEN**
Rue du Fossé
aux Loups 32
Zentrum ①
+32 (0)2 217 21 87
*belgaqueen.be*

Antoine Pinto hat sein großartiges Restaurant in einem Bankgebäude mit Marmorsäulen und einem gewölbten Glasdach eröffnet: gehobene französische Küche und belgische, auf Bier basierende Gerichte. Die Toiletten waren bei der Eröffnung Stadtgespräch, inzwischen haben sich die Besucher daran gewöhnt, dass die Wände der transparenten Kabinen bei verschlossener Tür undurchsichtig werden.

2 **COOK & BOOK**
Place du Temps Libre 1
Woluwe-Saint-Lambert
+32 (0)2 761 26 00
*cookandbook.com*

Eine von neun wunderschönen Buchhandlungen, in denen man zu Mittag essen kann. Jede Buchhandlung bzw. jedes Restaurant hat ein anderes Thema und eine andere Ausstattung: Bei den Kochbüchern parkt ein Fiat 500 und bei der Reiseliteratur ein Airstream, bei der Belletristik hängen dagegen Romane von der Decke. Ein wenig verwirrend, aber irgendwie auch wieder stimmig – ein bisschen so wie Belgien im Allgemeinen.

3 **LE LOCAL**
**Rue de la Longue Haie 51**
**Ixelles ⑤**
**+32 (0)2 647 68 03**
***lelocalbxl.be***

Zwei junge Frauen eröffneten 2018 dieses innovative Restaurant in einer ruhigen Straße von Ixelles. Ihr Ziel ist es, eine gesunde und schmackhafte Küche anzubieten, die nachhaltig ist und möglichst wenig Müll verursacht. Einfallsreiche Gerichte mit überraschenden Geschmackskombinationen, dazu gute Weine und außergewöhnliche Biere von zwei innovativen Brüsseler Kleinbrauereien.

4 **KWINT**
**Mont des Arts 1**
**Zentrum ①**
**+32 (0)2 505 95 95**

Die nach Charles Quint (Kaiser Karl V.), benannte Brasserie hat stilvolle Küche mit feinen Zutaten wie Kaviar, Trüffel und Räucherlachs perfektioniert. Mit dem Panoramablick auf die Altstadt und den hängenden Kupferskulpturen von Arne Quinze ist dies eines der spektakulärsten Restaurants der ganzen Stadt.

5 **LE CHALET ROBINSON**
BOIS DE LA CAMBRE
**Sentier de l'Embarcadère 1**
**Brüsseler Süden**
**+32 (0)2 372 92 92**
***chaletrobinson.be***

Das 1877 auf einer Insel errichtete Chalet Robinson brannte 1896 und dann noch mal 1991 ab. Im Sommer 2009 wurde in dem rekonstruierten Holzhaus wieder ein Restaurant eröffnet. Die Lage – man setzt mit einer alten Fähre über – macht das Chalet zu einem der malerischsten Orte in Brüssel. Auf der Speisekarte stehen traditionelle belgische Kneipengerichte wie Fleischbällchen in Tomatensoße, Limousin-Steaks und Pfannkuchen.

## 5 *Restaurants mit*
# ECHT BELGISCHER KÜCHE

6 **VIVA M'BOMA**
Rue de Flandre 17
Dansaert-Viertel ②
+32 (0)2 512 15 93
*vivamboma.be*

Viva m'Boma (»Lang lebe Oma«) nutzt die weiß gekachelten Räumlichkeiten eines ehemaligen Kuttelgeschäfts. Eines der besten Lokale der Stadt für traditionelle Brüsseler Gerichte wie Fleischbällchen mit Tomatensoße, *Stoemp* – und natürlich Kutteln.

7 **LES BRASSINS**
Rue Keyenveld 36
Ixelles ⑤
+32 (0)2 512 69 99
*lesbrassins.com*

Eine der besten traditionellen Brasserien Brüssels ist in der Straße beheimatet, in der Audrey Hepburn geboren wurde. Einheimische wie Touristen kommen in das etwas heruntergekommene Viertel, um hier die herzhafte belgische Küche zu genießen. Spezialitäten wie *Stoemp Saucisse* (Würstchen mit Kartoffelpüree) und *Lapin à la kriek* (Kaninchen in Biersoße) stärken Sie für eine kalte Winternacht. Bierkarte mit einigen Raritäten.

8 **TOUCAN BRASSERIE**

Avenue Louis Lepoutre 1
Ixelles ⑤
+32 (0)2 345 30 17
*toucanbrasserie.com*

Lautes und volles Lokal *à la français* mit nettem jungen Personal und köstlicher Küche. Hier können Sie typische Brasserie-Gerichte wie *Croquettes aux crevettes grises* (Nordseegarnelen-Kroketten) oder *Jambonneau* (Eisbein) probieren. Ein Stück weiter in der Nr. 17 serviert das Schwesterrestaurant Toucan sur Mer riesige Teller mit Meeresfrüchten in einem Ambiente wie an der französischen Atlantikküste.

9 **LE WINE BAR SABLON DES MAROLLES**

Rue Haute 198
Marolles ③
+32 (0)496 82 01 05
*winebarsablon.be*

Diese schöne, mit Gemälden des 19. Jahrhunderts geschmückte Weinbar im Herzen von Marolles ist außerdem eines der besten Bistros der Stadt. Der Chefkoch kreiert innovative Gerichte nach traditionellen belgischen und französischen Rezepten. Die Weinkarte reicht von französischen Klassikern bis hin zu neuen Bio-Weinen.

10 **FIN DE SIÈCLE**

Rue des Chartreux 9
Dansaert-Viertel ②
+32 (0)2 512 51 23

Hier gibt es keine Speisekarte. In diesem einfachen Restaurant im Herzen von Brüssel müssen Sie an der altmodischen Kasse auf einen freien Tisch warten. Dann werden Sie zu den anderen Gästen an einen langen Holztisch gequetscht. Die Küche bietet herzhafte belgische Gerichte wie in Chimay-Bier geschmortes Rindfleisch oder gegrilltes Lamm mit Ofenkartoffeln und Salat. Nur Barzahlung.

# 5 besonders AUTHENTISCHE Brüsseler Lokale

11 **LES BRIGITTINES**
Place de la Chapelle 5
Marolles ③
+32 (0)2 512 68 91
*lesbrigittines.com*

Dieses elegante Restaurant liegt gegenüber der Kirche, in der Pieter Bruegel begraben wurde. Das einladende Innere ist mit Spiegeln, Gemälden und Jugendstillampen dekoriert. Der Koch verwendet die besten lokalen Zutaten, darunter das Bier aus der Brauerei Cantillon.

12 **LE CHOU DE BRUXELLES**
Rue de Florence 26
Ixelles ⑤
+32 (0)2 537 69 95
*lechoudebruxelles.be*

Dieses sympathische kleine Restaurant ist eine gute Wahl für traditionelle belgische Küche. Saftiges Lammfleisch, Pommes in Tüten und Muscheln aus Zeeland mit einer Auswahl von 30 Soßen. Es ist immer viel los, und das Personal kommt manchmal kaum nach.

13 **LA BRANCHE D'OLIVIER**
Rue Engeland 172
Uccle ⑤
+32 (0)2 374 47 05
*labranchedolivier.be*

Dieses rustikale Restaurant liegt versteckt am Rande eines Naturschutzgebietes. Sie können im holzvertäfelten Innenbereich oder bei schönem Wetter draußen speisen. Das Preis-Leistungs-Verhältnis ist für Brüssel fantastisch, auch wenn eventuell das Taxi dazukommt.

## 14 PLATTESTEEN

Rue du Marché
au Charbon 41
Zentrum ①
+32 (0)2 512 82 03

Sympathische, authentische Brasserie im Schwulenviertel. Das Interieur ist holzvertäfelt, verspiegelt und ein wenig verschlissen – genauso mögen es die Leute. Perfekt für *steak-frites* und ein Bierchen.

## 15 HOUTSIPLOU

Place Rouppe 9
Zentrum ③
+32 (0)2 511 38 16
*houtsiplou.be*

Nettes, entspanntes Restaurant mit echtem Brüsseler Charme. Toll für Kinder sind die mit Comics bunt bemalten Wände. Die Küche serviert Klassiker wie *moules-frites*, in Bier geschmortes Rindfleisch und *stoemp saucisse* (Würstchen mit Kartoffelpüree). Neben ausgewählten belgischen Bieren gibt es für die Kleinen belgische *cécémel* (Schokomilch).

14 PLATTESTEEN

# *Die 5 besten Restaurants für* NORDSEEFISCH

16 **TOUCAN SUR MER**
Avenue Louis Lepoutre 17
Ixelles ⑤
+32 (0)2 340 07 40
*toucanbrasserie.com*

Ein quirliges Fischrestaurant mit strahlend weißem Interieur, in dem man sich fast wie an der französischen Atlantikküste fühlt. Auf den wundervollen Meeresfrüchteplatten türmen sich Hummer, Austern, »graue Krabben« und andere frische Meerestiere. Das in nautische Kostüme gekleidete Personal betreut die Kunden mit freundlicher Effizienz.

17 **AU VIEUX BRUXELLES**
Rue Saint-Boniface 35
Ixelles ⑤
+32 (0)2 503 31 11
*auvieuxbruxelles.com*

Das älteste *moules*-Restaurant in Brüssel, Au Vieux Bruxelles, wurde im Jahr 1882 eröffnet. Zwar sind innen die Fresken mit Brüsseler Szenen etwas verblasst, aber die fröhliche Atmosphäre hat sich erhalten. An den kleinen, rot-kariert eingedeckten Tischen mischen sich Einheimische und Touristen.

18 **VISMET**
Place Sainte-Catherine 23
Dansaert-Viertel ②
+32 (0)2 218 85 45
*levismet.be*

Dieses nüchterne, holzgetäfelte Fischrestaurant hat eine offene Küche und einen kleinen Außenbereich, wo man schön in der Abendsonne sitzen kann. Wunderbare Seezunge (*sole meunière*).

19 **BIJ DEN BOER**
Quai aux Briques 60
Dansaert-Viertel ②
+32 (0)2 512 61 22
*bijdenboer.com*

Die meisten Vorübergehenden übersehen dieses bescheidene kleine Lokal, aber das Bij den Boer (Beim Bauern) ist eines der besten Fischrestaurants der Stadt. Hier gibt es belgische Spezialitäten wie *croquettes aux crevettes*, *anguilles aux verts* und eine üppige Bouillabaisse mit Nordseefisch.

20 **LA MARÉE**
Rue de Flandre 99
Dansaert-Viertel ②
+32 (0)2 511 00 40
*lamaree-sa.com*

Dieses kleine Fischrestaurant hinter dem alten Fischmarkt ist nicht leicht zu finden. Hierher kommen Stammkunden ebenso wie Touristen und werden von der Köchin mit perfekter Seezunge (*sole meunière*) oder *moules* frisch aus der Nordsee versorgt.

19 **BIJ DEN BOER**

# 5 tolle Adressen für MEDITERRANE KÜCHE

21 **LE BERGER BY VINI DIVINI**
Rue du Berger 24
Ixelles ⑤
+32 (0)2 502 03 80
*lebergerbyvinidivini.be*

Dieses italienische Restaurant und Weinlokal liegt im Erdgeschoss des coolen Hotels Le Berger. Die Küche bietet italienische Klasssiker einschließlich großzügig bemessener Teller mit Antipasti und Pasta. Es gibt auch einen intimen Garten, in dem man unter dem Sternenhimmel essen kann.

22 **STROFILIA**
Rue du Marché aux Porcs 11-13
Dansaert-Viertel ②
+32 (0)2 512 32 93
*strofilia.brussels*

Dieses außergewöhnliche griechische Restaurant unweit des Fischmarktes befindet sich in einem Keller mit ehemaligem Weinlager mit einem Backsteingewölbe aus dem 17. Jahrhundert. Der obere Bereich ist fröhlich und modern dekoriert, der Keller blieb aber unverändert. Hier sollten Sie unbedingt würzige griechische *Spentzotai*-Würste und andere *mezze* probieren.

## 23 SIGNORA AVA

Rue de Flandre 92
Dansaert-Viertel ②
+32 (0)437 62 62
*signorava.com*

Enzo und Marco servieren hier ihre italienischen Gerichte in einem winzigen Restaurant im angesagten flämischen Viertel. Sie können zur Mittagszeit auf eine preiswerte Pasta vorbeikommen oder abends eine anspruchsvollere und originellere Küche probieren, während im Hintergrund stimmungsvolle italienische Lieder spielen.

## 24 NOTOS

Rue de Livourne 154
Ixelles ⑤
+32 (0)2 513 29 59
*notos.be*

Constantin Erinkoglou gab 1995 seinen Job bei der EU auf, um ein kleines griechisches Restaurant zu eröffnen, in dem er demonstriert, dass die zeitgenössische griechische Küche genauso anspruchsvoll sein kann wie die französische oder italienische. Schlichte Einrichtung mit Holzmöbeln und weißen Tischdecken.

## 25 PHILEMA

Chaussée de Waterloo 437
Ixelles ⑤
+32 (0)2 344 58 76
*philemabrussels.be*

In diesem authentischen griechischen Restaurant stehen die schlichten Holztische neben Regalen mit Olivenöl, Balsamico und anderen Feinkostartikeln. Das Personal ist superfreundlich, und der Chefkoch kommt persönlich an die Tische, um sich zu überzeugen, dass alle mit dem Essen zufrieden sind. Es gibt kretische Küche mit Spezialitäten wie *Gamopilafo* – einem Reisgericht, das üblicherweise bei Hochzeiten serviert wird.

# 5 großartige ASIATISCHE RESTAURANTS

26 **OLD BOY**
Rue de Tenbosch 110
Ixelles ⑤
+32 (0)2 544 15 55
*oldboyrestaurant.be*

Dieses entspannte asiatische Lokal ist nach einem populären südkoreanischen Film benannt und bietet eine Atmosphäre wie bei einem thailändischen Familienessen. Das Interieur ist hell und modern mit einer offenen Küche und Hockern an der Theke. Die Köche bereiten köstliche traditionelle Gerichte zu, darunter die klassischen *bao*-Brötchen mit Schweinehack oder Pfannkuchen mit Pekingente. Reservierungen sind nicht möglich.

27 **SAN**
Rue de Flandre 19
Dansaert-Viertel ②
+32 (0)2 318 19 19
*sanbxl.be*

Der belgisch-koreanische Chefkoch Sang-Hoon Degeimbre betreibt dieses winzige Bistro in einem schmalen Stadthaus über zwei Etagen: unaufgeregte Inneneinrichtung mit pastellfarbenen Wänden, Vintage-Tischen und Hockern. Das Essen wird auf koreanische Art in mehreren kleinen Schüsseln mit einem langen Holzlöffel serviert. Die Ideen für seine erfinderische Küche sammelt der Küchenchef auf seinen Reisen.

28 **HONG KONG DELIGHT**

Rue Sainte-Catherine 35
Dansaert-Viertel ②
+32 (0)2 502 27 80

Ein winziges chinesisches Restaurant, an dem die meisten Leute einfach vorbeilaufen. Es sieht zwar wie eine einfache Snackbar aus, serviert aber mit die besten kantonesischen Gerichte der Stadt.

29 **DAM SUM**

Parvis de la Trinité 11
Ixelles ⑤
+32 (0)2 538 08 10
*damsum.com*

Ein lebhaftes, neues Lokal gegenüber der Église de la Trinité, in dem man Dim Sum essen kann. Einrichtung mit roten und schwarzen Möbeln, Grafiken und eleganten Keramikschalen. Auf der Karte stehen verschiedene Suppen und Nudelgerichte, aber man sollte unbedingt die gefüllten Dim Sum probieren. Ein netter Zwischenstopp für ein Mittagessen, wenn man gerade die Jugendstilbauten in Ixelles besichtigt oder die Designerläden in der Rue du Bailli abklappert.

30 **AU BON BOL**

Rue Paul Delvaux 9
Dansaert-Viertel ②
+32 (0)2 513 16 88
*bonbol.be*

Ein authentisches chinesisches Nudelhaus in einer ruhigen Straße nahe der Börse. Die Nudeln werden, während man wartet, von Hand hergestellt. Empfehlenswert sind außerdem die köstlichen und sättigenden Suppen. Unten wird es schnell voll, aber im Obergeschoss kann man sich meistens noch zwischen Studenten, jungen Paaren und chinesischen Touristen mit an einen Tisch quetschen.

*Die 5 besten*

# JAPANISCHEN RESTAURANTS

31 **KOKUBAN**
Rue Vilain XIIII 55
Ixelles ⑤
+32 (0)2 611 06 22
*kokuban.be*

In diesem Viertel haben sich einige japanische Restaurants angesiedelt, darunter das von traditionellen *Ramen*-Bars inspirierte Kokuban. In einem schlichten Interieur können die Kunden an Tischen aus hellem Holz köstliche Spezialitäten wie *gyoza* (japanische Ravioli mit Hühnchen und Gemüse) und anschließend *ramen* (Schüsseln mit Nudeln und Gemüse in Brühe) essen. Perfekt für ein schnelles Mittagessen, aber kein Ort zum Verweilen. Filiale in Etterbeek: Rue Belliard 180.

32 **IZAKA-YA**
Chaussée de Vleurgat 123
Ixelles ⑤
+32 (0)2 648 38 05

Ein authentisches, eher einfaches Restaurant, das in der Mittagspause voll mit japanischen Büroangestellten ist. Versuchen Sie, sich noch mit hineinzwängen und das Sashimi-Mix-Mittagsmenü zu bestellen, das aus frischem Fisch, Reis und Misosuppe besteht. Dazu gibt es so viel Tee, wie Sie trinken möchten.

33 **SAMOURAI RAMEN**

Rue du Fossé
aux Loups 28
Zentrum ①
+32 (0)2 218 86 88
*samouraïramen.be*

Dieses winzige Nudellokal auf zwei Ebenen wirkt auf den ersten Blick eher schlicht, aber hier werden hervorragende, von erfahrenen Köchen zubereitete japanische Speisen serviert. Zu den auf der Tafel angeschriebenen Tagesgerichten gehören *ramen*, *gyoza* und *tamago*. Das Samourai Ramen wird von den gleichen Leuten geführt wie das alteingesessene Samourai, das seit seiner Eröffnung 1975 für gehobene japanische Küche steht.

34 **YAMATO**

Rue Francart 11
Ixelles ⑤
+32 (0)2 511 02 00

Essen wie in Tokio! In diesem winzigen Imbiss am Place St. Boniface passen kaum ein Dutzend Leute – hier ist es fast immer voll. Der Küchenchef stellt an seinem kleinen Gasherd knusprige *gyoza* und dampfende Schalen mit *shoyu ramen* her. Keine Reservierung möglich.

35 **LITTLE TOKYO**

Rue Saint Boniface 15
Ixelles ⑤
+32 (0)2 513 48 41
*littletokyo.be*

Dieses geräumige Restaurant hat 2017 am Place St. Boniface eröffnet. Lebhafte, einladende Inneneinrichtung mit alten Fliesenböden, bunten Papierlampen und großen Fenstern. Das Küchenteam arbeitet bis spät in die Nacht und produziert schmackhaftes japanisches Essen mit einem Hauch von französischer Küche. Im Sommer kann man draußen fast den ganzen Tag in der Sonne sitzen.

# 5 *empfehlenswerte Orte für ein* GESUNDES MITTAGESSEN

36 **JOUR DE FÊTE**
Boulevard Anspach 181
Zentrum ①
+32 (0)2 512 38 00
*jour-de-fete.be*

Virginie Monu hat mit dem im Stil der 1950er-Jahre eingerichteten Jour de Fête heitere Partystimmung in einen vernachlässigten Brüsseler Stadtteil gebracht. Innovative Küche, deren Angebot von einer einfachen Schüssel Fischsuppe bis hin zu einem großzügigen Antipasti-Büfett reicht.

37 **COMPTOIR RODIN**
Avenue Auguste Rodin 8
Ixelles ⑤
+32 (0)2 203 00 14
*comptoir-rodin.be*

Das Comptoir Rodin ist in einem stattlichen Herrenhaus aus den 1880er-Jahren untergebracht, das als Wohnhaus für den Direktor des Militärkrankenhauses gebaut wurde. Das Lokal verteilt sich auf drei großzügige Räume im New Yorker Brooklyn-Loft-Style mit sichtbaren Backsteinwänden, Betonböden und dicken roten Vorhängen. Dazu gibt es noch einen malerischen Wintergarten und hinten einen kleinen Garten. Mittags werden Sandwiches und Bowls in allen Variationen angeboten.

38 **L'ESTAMINET**
Chaussée de Haecht 147
Schaerbeek ⑨
+32 (0)498 59 72 27
*lestami.net*

Das L'Estaminet liegt ein wenig versteckt in den ehemaligen Stallungen eines Herrenhauses aus dem 19. Jahrhundert. Die Holzvertäfelungen im Inneren wurden aus einem alten Brüsseler *estaminet* (Kneipe) gerettet. Gesunde und schmackhafte Mittagsgerichte wie Suppe, Quiche und Karottenkuchen.

39 **L'EAU CHAUDE**
Rue des Renards 25
Marolles ③
+32 (0)2 513 91 59
*leauchaude.be*

Dieses alte Maroller Café könnte genauso gut in den Ardennen liegen. Die Holzverkleidung, der braune Fliesenboden und die orangefarbenen Tische verleihen dem Lokal einen rustikalen Charme. Die Betreiber, eine regionale Kooperative, haben gesundes vegetarisches Essen und innovative belgische Biere aus kleinen Brauereien wie Brasserie de la Senne und Dupont im Angebot. *Ni ne akceptas kreditkartjon* steht im alten Brüsseler Dialekt an der Tafel – »wir akzeptieren keine Kreditkarten«.

40 **PRÉ DE CHEZ NOUS**
Rue des Dominicains 19
Zentrum ①
+32 (0)2 833 37 37
*predecheznous.be*

Freundliches Slow-Food-Restaurant, das sich in einer Seitenstraße im Zentrum von Brüssel versteckt. Das Essen wird in einer offenen Küche mit Fleisch und Gemüse von regionalen Höfen zubereitet. Auf der Tageskarte befinden sich auch vegane Gerichte.

## 5 besonders gute

# MITTAGSTISCHE IM EUROPA-VIERTEL

41 **L'ANCIENNE POISSONNERIE**
Rue du Trône 65
Ixelles ⑤
+32 (0)2 502 75 05
*anciennepoissonnerie.be*

Dieses italienische Restaurant mit wunderschönem Jugendstil-Interieur liegt am Rande des Europa-Viertels. 1906 wurde es als Bäckerei eröffnet und später in ein Fischgeschäft umgewandelt. Die auffälligen Jugendstil-Fensterrahmen wurden perfekt restauriert, ebenso wie das große Fliesenwandbild mit einem Fischerboot auf stürmischer See. In dieser entspannten, kosmopolitischen Atmosphäre zaubert ein junges Team anspruchsvolle italienische Küche.

42 **LIVING ROOM**
Place Jean Rey 8
Europa-Viertel ④
+32 (0)2 231 11 36
*livingroomdesign.eu*

Der zweistöckige Living Room mit dem hellen Industrieinterieur und großzügigem Außenbereich am Place Jean Rey bringt Leben in das europäische Viertel. Zum Angebot gehören hier nicht nur Essen und Kaffee, sondern auch Designbücher, Schreibwaren und sogar Möbel. Wenn die über Ihrem Kopf hängende dänische Lampe perfekt in Ihre Wohnung passen würde, dann können Sie sie auf dem Weg nach draußen kaufen.

43 **LE CORRÈGE**

Rue Le Corrège 90
Europa-Viertel ④
+32 (0)2 734 34 12
*lecorrege.be*

In dieses kleine Restaurant kommen seit vielen Jahren Mitarbeiter der Europäischen Kommission, um einmal in aller Ruhe zu Mittag zu essen oder sich abends mit Freunden zu treffen. Hier fühlt man sich wie zu Gast in einer Privatwohnung – man muss sogar an der Tür klingeln, um hineingelassen zu werden. Die Küche ist klassisch französisch-belgisch mit innovativen Akzenten. Großzügige Portionen.

44 **EL TURCO**

Place de Londres 6
Ixelles ⑤
+32 (0)2 503 36 48
*elturco.be*

Entspanntes, mediterranes Restaurant am belebten Place de Londres. Man bedient sich am Büfett und bezahlt dann nach Gewicht. Große Auswahl an schmackhaften türkischen und griechischen Spezialitäten wie gegrilltes Fleisch, kalte *meze* und Tintenfisch.

45 **OSTERIA AGRICOLA TOSCANA**

Avenue Livingstone 20
Europa-Viertel ④
+32 (0)2 231 64 07
*osteriaagricolatoscana.eu*

Dieses 2014 eröffnete, innovative italienische Restaurant ist rustikal mit Holztischen, Weinkistenstapeln und Zimmerpflanzen eingerichtet. Die Küche serviert toskanische Gerichte aus frischen Bio-Zutaten, die auf kleinen Bauernhöfen außerhalb von San Miniato angebaut werden. Auf der saisonalen Speisekarte stehen Meeresfrüchtegerichte wie *Spaghetti allo scoglio* oder der traditionelle toskanische Kichererbsenfladen *cecina* aus dem 13. Jahrhundert. Großzügige Portionen.

*Die 5*

# COOLSTEN ORTE ZUM ABENDESSEN

46 **CRAB CLUB**
Chaussée de Waterloo 7
Saint-Gilles ⑥
+32 (0)472 55 46 95
*crabclub.be*

Philippe Emanuelli hat ein stylisches Fischrestaurant im Industrial Style mit Backsteinwänden, groben Holztischen und Schulstühlen geschaffen. Die Brüsseler schätzen die herausragende Kombination aus asiatischen und europäischen Einflüssen bei Gerichten, wie z. B. Tintenfisch mit gebratenem Schweinebauch und frischen Feigen.

47 **LE 203**
Chaussée de Waterloo 203
Saint-Gilles ⑥
+32 (0)2 539 26 43
*le203.com*

Richard und Mathilde haben einen einladenden Ort geschaffen, wo man sich ganz zu Hause fühlen kann. Richard kocht in einer offenen Küche, wo er zeitgenössische französisch-belgische Gerichte mit Einflüssen aus der vietnamesischen und australischen Küche kombiniert, die er auf seinen Reisen kennengelernt hat.

48 **CERTO**

Rue Longue Vie 48
Ixelles ⑤
+32 (0)473 49 64 93
*certo.me*

In diesem sympathischen kleinen Restaurant fühlt man sich wie in der Küche einer italienischen Familie. An geschäftigen Abenden wird es schnell voll, was der Stimmung aber keinen Abbruch tut. Das Personal zwängt sich überall durch und versucht dabei, nicht über kleine Kinder zu stolpern. Die Speisekarte ist unkompliziert: Es gibt vier Vorspeisen und vier Nudelgerichte. Alles, was aus der Küche kommt, ist frisch und spannend angerichtet, dazu gibt es Bioweine – die perfekte italienische Erlebnisreise.

49 **LA BUVETTE**

Chaussée d'Alsemberg 108
Saint-Gilles ⑥
+32 (0)2 534 13 03
*la-buvette.be*

Eines der aufregendsten Lokale der Stadt ist in den mit originalem Holz, gefliesten Wänden und stählernen Fleischhaken ausgestatteten Räumlichkeiten einer ehemaligen Metzgerei untergebracht. Der junge französische Küchenchef Nicolas Scheidt hat zwei Menüs mit vollendeten Gerichten im Angebot, darunter seine einzigartige Schokoladentorte.

50 **SELECTO**

Rue de Flandre 95–97
Dansaert-Viertel ②
+32 (0)2 511 40 95
*leselecto.com*

Dieses moderne Brüsseler Bistro mit coolem weißen Interieur ist mit einer exzentrischen Hängelampensammlung dekoriert. Die Speisekarte sieht aus wie eine Zeitung und hat ungewöhnliche Gerichte, z. B. die provenzalische *Soup au Pistou*, und Weine im Angebot.

# *Die 5 besten Orte für*
# GÜNSTIGES ESSEN

51 **NOORDZEE**
Rue Sainte-Catherine 45
Dansaert-Viertel ②
+32 (0)2 513 11 92
*noordzeemerdunord.be*

Das fröhliche Personal serviert köstliche Meeresfrüchte an einer langen, geschwungenen Metalltheke vor dem Restaurant. Sie suchen sich etwas von der Liste auf der Tafel aus, geben Ihren Namen an und die Bestellung wird sofort frisch zubereitet. Wir empfehlen die *Calamares a la Plancha* oder Véroniques Fischsuppe und dazu ein Glas chilenischen Weißwein.

52 **KIPKOT**
Rue de la Paix 22
Ixelles ⑤
+32 (0)2 513 41 65
*kipkot.be*

Dieses entspannte Ixeller Restaurant hat dem traditionellen belgischen Brathähnchen eine neue Variante hinzugefügt. Mit den großen Fenstern zur Straße und den Brennholzstapeln am Eingang wirkt es wie ein amerikanisches Diner. Beliebt ist es vor allem bei jungen Leuten, die wegen der großzügigen Portionen des Mechelner *coucou*-Hähnchens kommen, das über Holzfeuer gegrillt und mit ausgezeichneten Fritten und Apfelmus serviert wird.

51 NOORDZEE

## 53 MAMMOUTH

**Rue de Russie 10**
**Saint-Gilles ⑦**
**+32 (0)2 534 43 98**

Zwei mutige Schwestern haben in einer etwas schmuddeligen Straße in der Nähe des Gare du Midi dieses kleine Mittagslokal im Industrial Design mit Kiefernbänken, Kaktuspflanzen und bunten Kissen eröffnet. In der gekachelten Küche kreieren die beiden schmackhafte Suppen, Salate und einfallsreiche Sandwiches. Sie können auch jederzeit auf einen Kaffee und ein hausgemachtes Schokocookie direkt aus dem Ofen vorbeischauen.

## 54 FLAGEY OYSTER BAR

**Place Flagey**
**Ixelles ⑤**

Mittlerweile hat es schon fast Tradition, sich auf dem Sonntagsmarkt am Place Flagey mit Freunden zu Austern und Champagner zu treffen. Sie bekommen ein halbes Dutzend Austern für 6 €, ein Glas des edlen Getränks für 2 € und dazu einen Hocker – der vermutlich edelste Imbiss der Stadt!

## 55 LA CHARCUTERIE

**Avenue Paul Dejaer 16**
**Saint-Gilles ⑥**
**+32 (0)2 850 88 12**

Das freundliche, familiäre Restaurant von Olivier und Ana befindet sich in einer prächtigen Art-déco-Metzgerei in der schönen Avenue Paul Dejaer. Die beiden haben die Ladenfassade aus Holz, den Hackklotz und die Fliesenwände saniert. Sie können mittags auf ein Sandwich vorbeikommen oder abends etwas von der mediterran inspirierten Karte bestellen. Zu den Spezialitäten gehören spanische *gambas à la plancha*, *chiperons à la basquaise* oder einfache belgische *croquettes de crevettes*.

## 5 *Top-Adressen für ein*
# GESUNDES SANDWICH

56 **FERNAND OBB**
Rue de Tamines 27
Saint-Gilles ⑥
+32 (0)2 771 91 08
*fernand-obb.be*

Der junge Koch Cédric Mosbeux eröffnete diesen modernen Delikatessenladen im New Yorker Stil in einer ruhigen Straße von Saint Gilles. Der Name des Lokals setzt sich aus dem Namen seiner Katze Fernand und »Obbrussel«, der Bezeichnung für das Dorf, das einst hier stand, zusammen. Hier drängen sich viele treuen Stammgäste, um eine köstliche *croquette de crevettes* (Krabbenkrokette) oder ein Pastrami-Sandwich mit Essiggurken und Tierenteyn-Senf zu essen.

57 **L'EPICERIE**
Rue Keyenveld 56
Ixelles ⑤
+32 (0)2 513 71 84

Monghton Tangton übernahm 2001 einen alten Lebensmittelladen in Ixelles und verwandelte ihn in diesen Mittagsimbiss. Von der alten Einrichtung beließ er die Regale und ergänzte sie mit Vintage-Schulmöbeln, um eine altmodisch-belgische Atmosphäre zu schaffen. Die Sandwiches bestehen aus leicht geröstetem Ciabatta-Brot, das mit hausgemachter Guacamole, Basilikumblättern und Garnelen oder Parmaschinken belegt wird.

58 **THÉRÈSE ET DOMINIQUE**

Rue Dejoncker 23
Ixelles ⑤

Mittags bildet sich an diesem von einer italienischen Familie betriebenen Imbiss schnell eine Schlange. Die Sandwiches werden mit leckerem Brot und frischen Zutaten zubereitet. Probieren Sie unbedingt die Variante mit gebratener Aubergine, roten Paprika, Tomaten und Mozzarella. Einfacher Sitzbereich, im Sommer kann man auch im Garten Platz nehmen.

59 **PISTOLET ORIGINAL**

Rue Joseph Stevens 24
Sablon ③
+32 (0)2 880 80 98

Valérie Leplat hat in einer ehemaligen Apotheke diesen fröhlich-bunten Sandwichladen eingerichtet. Ihr innovatives Angebot an Sandwiches aus den typischen runden Brüsseler Brötchen stellte sie nach ausführlichen Tests im Freundeskreis zusammen. Belegt werden sie mit geräuchertem Aal, Roastbeef oder grauen Krabben, frisch aus der Nordsee.

60 **LA SARDINE DU MARSEILLAIS**

Rue Blaes 159
Marolles ③
+32 (0)483 55 10 34

In diesem winzigen Laden beim Jeu-de-Balle-Flohmarkt bereitet ein nettes Team fabelhafte Sandwiches aus frischen provenzalischen Zutaten zu. Auf alle Fälle sollten Sie das Lou Bagnat probieren: ein weiches Bagnat-Brötchen, das mit Thunfisch, Sardellen, Ei, Zwiebeln, Tomaten und schwarzen Oliven belegt ist. Es gibt keine Sitzplätze, aber Sie können Ihr Sandwich in die kleine provenzalische Eckbar Le Marseillais in der Rue Blaes 163 mitnehmen, wenn Sie dort etwas trinken.

# 5 *fabelhafte* KONDITOREIEN

61 **NICOLAS ARNAUD**
Rue Américaine 93
Ixelles ⑤
+32 (0)2 544 09 85
*nicolas-arnaud.be*

Der französische Konditor Nicolas Arnaud – 2016 zum besten Europas gewählt – eröffnete diese klassische Pariser Pâtisserie im Herzen des Stadtteils Châtelain. In einer kleinen Wirkstätte im hinteren Teil des Ladens kreiert Arnaud seine vollendeten Schokoladenkuchen und Obsttorten Die Kundschaft reicht von Paaren aus der Nachbarschaft, die eine Dinnerparty veranstalten, bis hin zum französischen Botschafter.

62 **LE SAINT-AULAYE**
Rue Vanderkindere 377
Ixelles ⑤
+32 (0)2 345 77 85
*saintaulaye.com*

Die 1986 gegründete Bäckerei hat ihren Namen von einem kleinen Ort in der Dordogne, in dem der Besitzer als Lehrling das Bäckerhandwerk gelernt hat. Die Kuchen und Torten sind wahre Wunderwerke. Genauso gut kann man sich aber auch nur schnell ein Baguette oder Croissants zum Frühstück holen.

63 **MAISON RENARDY**

Chaussée de Wavre 111B
Ixelles ⑤
+32 (0)2 514 30 17

Diese im Familienbetrieb geführte Bäckerei im Herzen des afrikanischen Viertels gibt es bereits seit 1912. Hier gibt es großartiges Brot und Croissants sowie exzellenten Kaffee und hausgemachte Schokolade.

64 **PASTELERIA GARCIA**

Avenue de la Couronne 75-77
Ixelles ⑤
+32 (0)2 640 79 56
*patisseriegarcia.be*

Diese traditionelle portugiesische Konditorei wurde 1990 von Rui Manuel Garcia Borralho eröffnet. Das sonnendurchflutete Innere wirkt wie ein portugiesischer Innenhof: komplett mit plätscherndem Brunnen, Ziegeldach, falschen Schwalbennestern und melancholischer Fado-Musik. Der perfekte Ort, um *pastel de nata*, ein mit Vanillepudding gefülltes Blätterteiggebäck, zu probieren.

65 **LES TARTES DE FRANÇOISE**

Avenue de l'Hippodrome 75
Ixelles ⑤
+32 (0)2 640 88 41
*tartes.be*

Hier stehen die Belgier Schlange: In diesem unscheinbaren Laden nahm 1984 die Erfolgsgeschichte von Les Tartes de Françoise ihren Anfang. Die Tartes und Quiches gibt es inzwischen sogar in einer Filiale im New Yorker Stadtviertel Hell's Kitchen.

## *Die 5 besten Orte für einen* SONNTAGSBRUNCH

### 66 OMA

Rue Jourdan 129
Saint-Gilles ⑥
+32 (0)2 539 29 04
*chezoma.be*

Dieses sympathische kleine Lokal in einer ruhigen Ecke von Saint-Gilles wird von zwei jungen Frauen betrieben. Zum nostalgischen Interieur gehören alte Tapeten und Familienfotos. Der Brunch ist zwar ziemlich teuer, dafür gibt es eine großzügige Auswahl an Aufschnitt, Käse, Würstchen, Waffeln, Eiern und Obst. Coole Jazzmusik im Hintergrund trägt zur tollen Atmosphäre bei.

### 67 CAFÉ DE LA PRESSE

Avenue Louise 493
Ixelles ⑤
+32 (0)2 644 48 03

Dieses lässige Café mit großen Fenstern, braun gemusterten Tapeten und alten Sesseln sieht wie eine Werbeanzeige in einem Einrichtungsmagazin aus einer 1950er-Jahre-Anzeige aus. Mit seiner Lage am äußersten Ende der Avenue Louise ist es zu weit von den großen Büros entfernt, in der Mittagspause viele Gäste anzulocken. Perfekt für einen Brunch in Verbindung mit einem Spaziergang im nahe gelegenen Bois de la Cambre.

69 **LE PAIN QUOTIDIEN**

68 **CAFÉ BELGA**
FLAGEY-GEBÄUDE
**Place Flagey 18**
**Ixelles ⑤**
**+32 (0)2 640 35 08**

Das Café im Erdgeschoss des Flagey-Gebäudes sieht aus, als wäre es schon seit dessen Erbauung in den 1930er-Jahren da – dabei wurde es erst vor wenigen Jahren von Frédéric Nicolay eingerichtet. Am Sonntagmorgen ist es schwierig, einen Tisch zu finden, weil viele Paare und junge Familien nach ihrem Marktbesuch auf dem Place Flagey hierher zum Brunchen kommen. Bestellt wird an der Bar, ungewöhnlich für Belgien. WLAN.

69 **LE PAIN QUOTIDIEN**
**Rue Antoine Dansaert 16**
**Dansaert-Viertel ②**
**+32 (0)2 502 23 61**
***lepainquotidien.be***

1990 eröffnete Alain Coumont hier das erste Le Pain Quotidien und war mit den großen Holztischen und den Regalen voll runder Sauerteigbrote ein großer Erfolg. Das Konzept entwickelte sich zu einer globalen Marke mit Niederlassungen in London, New York und Paris. Heute ist es zwar nicht mehr so originell, aber die erste Filiale in der Rue Dansaert ist nach wie vor ein schöner Ort für den Sonntagsbrunch.

70 **CAFÉ CABERDOUCHE**
**Place de la Liberté 8**
**Zentrum ①**
**+32 (0)2 356 14 05**
***caberdouche.com***

Das alte Café wurde im Stil des skandinavischen Designs neu eingerichtet und lockt nun mit unverputzten Backsteinwänden, großen Fenstern, Hängepflanzen und einem Fotoautomat. Auf der Karte stehen hausgemachte Gerichte und ein spannendes Sortiment an Craft-Bieren wie das Oude Geuze Boon.

# 5 ausgezeichnete Geschäfte für BELGISCHE SCHOKOLADE

71 **LAURENT GERBAUD**
Rue Ravenstein 2D
Zentrum ①
+32 (0)2 511 16 02
*chocolatsgerbaud.be*

Laurent Gerbaud kreiert köstliche mit exotischen Früchten und Gewürzen aromatisierte Pralinen. In seinem eleganten Geschäft gegenüber dem Kunstzentrum Bozar gibt es guten Espresso und dazu ein Stückchen Gerbaud-Schokolade. Schokoladen-Workshops.

72 **PIERRE MARCOLINI**
Place du
Grand Sablon 39
Sablon ③
+32 (0)2 513 17 83
*marcolini.com*

Pierre Marcolini begann in den 1990er-Jahren mit einem kleinen Schokoladenladen vor den Toren Brüssels, heute sind es weltweit 40. Er zaubert quadratische Pralinen, die mit marokkanischem rosa Pfeffer oder Earl-Grey-Tee aromatisiert sind und dort in stilvollen schwarzen Schachteln verkauft werden.

73 **JÉRÔME GRIMONPON**
Avenue Coghen 2
Uccle ⑤
+32 (0)2 343 93 44
*jeromegrimonpon.be*

Der französische Konditor arbeitete 13 Jahre in der Chocolaterie Mary, bevor er 2013 sein eigenes, modernes Geschäft in Uccle eröffnete. Für seine innovativen Kreationen, darunter eine Yuzu-Geleepraline mit Matcha-Tee-Ganache, hat er mehrere Preise gewonnen.

74 **MARY**
Rue Royale 73
Zentrum ①
+32 (0)2 217 45 00
*mary.be*

Dieser kleine kurz nach dem Ersten Weltkrieg gegründete Laden mit dem eleganten Rokokointerieur ist in dem Bestseller *1000 places to see before you die: die neue Lebensliste für den Weltreisenden* aufgeführt und beliefert sogar das belgische Königshaus. Im Zentrum von Brüssel gibt es mehrere Mary-Filialen, aber in der Rue Royale lohnt sich der Besuch ganz besonders.

75 **VANDENHENDE**
Chaussée de Wavre 643
Etterbeek ⑤
+32 (0)2 644 63 00
*chocolatier-vandenhende.be*

Kenny Vandenhende verkauft seine handgemachten Pralinen in einem altmodischen Laden im La Chasse-Viertel. Sein Team stellt außerdem Schokoladen, Eis und Sorbets sowie Nikolausfiguren in der Weihnachtszeit her.

72 PIERRE MARCOLINI

## *Die 5 besten Adressen für*
# ECHT BELGISCHE FRITTEN

### 76 FRIT'FLAGEY
Place Flagey
Ixelles ⑤

Anfang 2011 wäre es fast aus gewesen, aber eine Facebook-Kampagne rettete diesen beliebten Ixeller Fritten-Stand. Eigentümer Thierry musste seine alte Hütte aufgeben und in einen neuen glänzenden Imbissstand umziehen. Auch hier stellt er perfekt gebratene Fritten her, die er in Papiertüten verpackt verkauft. Machen Sie sich auf eine lange Warteschlange gefasst, denn hier versammeln sich Mütter mit kleinen Kindern ebenso wie hippe flämische Journalisten, die für den Fernsehsender Brüssel arbeiten.

### 77 FRITERIE SAINT-JOSSE
Place Saint-Josse
Saint-Josse ⑨

Eine Zeit lang sah es so aus, als würde die legendäre *Friterie* auf dem Place Saint-Josse verschwinden, nachdem Monsieur Martins in den Ruhestand gegangen ist. Doch mittlerweile hat Zoila Palma aus Ecuador den Laden übernommen und bereitet die Fritten mit der gleichen Sorgfalt wie ihr Vorgänger zu. Serviert werden sie mit einer großzügigen Portion Mayonnaise.

78 **FRITUUR DE LA CHAPELLE**
Place de la Chapelle
Marolles ③

Ein einfacher *frietkot* mit zwei Servierklappen neben der schönen Église de la Chapelle: Zu den Kunden zählen Schüler auf dem Heimweg ebenso wie schicke Anzug tragende Antiquitätenhändler von Sablon.

79 **MAISON ANTOINE**
Place Jourdan 1
Europa-Viertel ④
*maisonantoine.be*

Das vielleicht beste *frietkot* in Brüssel ist definitiv auch das älteste, denn es wurde 1948 von Antoine Desmet in einer von der deutschen Armee hinterlassenen Baracke gegründet. Und es ist auch das beliebteste, was bedeutet, dass man manchmal auch eine halbe Stunde anstehen muss. Sie können Ihre Fritten auf der Terrasse des Café Bernard essen, wenn Sie sich dort etwas zu trinken kaufen.

80 **LE TRAM DE BOITSFORT**
Place Andrée Payfa-Fosseprez
Boitsfort
+32 (0)2 675 82 91
*letramdeboitsfort.be*

Dieses stylische Restaurant verbindet die Liebe der Brüsseler zu Trambahnen mit der zu Pommes Frites. In die ausgemusterte Tram aus den 1950er-Jahren wurden ein paar Sitzplätze und eine kleine Küche eingebaut. Das freundliche Personal serviert interessante Gourmet-Burger, z.B. mit gegrilltem Lachs, und echt belgische Fritten.

# 5 *exzellente*
# LEBENSMITTEL-GESCHÄFTE

81 **FÄRM**
Quai au Bois à Brûler 43
Dansaert-Viertel ②
+32 (0)2 218 24 81
*farm.coop*

Dieser große Bio-Supermarkt befindet sich in einer einstigen Auktionshalle aus dem 19. Jahrhundert. In den Regalen werden Lebensmittel von Bioproduzenten angeboten, darunter Gemüse, Schokolade, Kaffee, Nüsse und Bier.

82 **ATELIER DIERENDONCK**
Rue Sainte Catherine 24
Dansaert-Viertel ②
+32 (0)2 669 59 00
*dierendonck.be*

Der flämische Metzger Hendrik Dierendonck hat im Herzen des Brüsseler Lebensmittelviertels ein Geschäft eröffnet, in dem riesige Schinken in einem cool-modernen Interieur präsentiert werden. Dierendonck importiert die feinsten Fleischwaren aus ganz Europa, darunter Limousin-Steaks und iberisches Schweinefleisch.

83 **KAM YUEN SUPERMARKET**
Rue de la Vierge Noire 2
Dansaert-Viertel ②
+32 (0)2 511 48 68
*kamyuen.be*

Dieser riesige Supermarkt in der Innenstadt führt eine große Auswahl an Lebensmitteln aus China, Japan und Indien, darunter z. B. frittierte, knusprige Sardellen, Säcke mit Reis und gefrorene Meeresfrüchte.

84 **LA CRÈMERIE DE LINKEBEEK**
Vieux Marché aux Grains 4
Dansaert-Viertel ②
+32 (0)2 512 35 10

Dieses weiß gekachelte Käsegeschäft gibt es seit 1902. Der Name geht auf das Dorf Linkebeek zurück, wo die Kühe der ursprünglichen Besitzer auf der Weide standen. Die jetzigen Eigentümer haben den Laden wiederbelebt und gleichzeitig seinen alten Charme bewahrt. Sie verkaufen über 120 Käsesorten, darunter den preisgekrönten Achel Blue aus Limburg und den kaum noch produzierten Fromage de Bruxelles, außerdem Milch in Flaschen sowie New York Cheesecake.

85 **CHAMPIGROS**
Rue Sainte-Catherine 36
Dansaert-Viertel ②
+32 (0)2 511 74 98
*champigros.com*

Seit mehr als 60 Jahren kaufen die Brüsseler bei diesem Spezialisten in der Nähe des Place Sainte-Catherine Pilze und Trüffel. Das Geschäft hat manchmal 20 bis 30 Sorten auf Lager.

84 CRÈMERIE DE LINKEBEEK

## *Die 5 tollsten Adressen für*

# BIER UND WEIN

86 **MIG'S WORLD WINES**
Chaussée de Charleroi 43
Saint-Gilles ⑥
+32 (0)2 534 77 03
*migsworldwines.be*

Der in Australien aufgewachsene Belgier Miguel kann stundenlang über die Vorzüge verschiedener Weine sprechen. Nicht nur bei den Verkostungen am Samstagmorgen kann man in seinem bis zur Decke mit Wein vollgestellten Laden exklusive Tropfen aus kaum bekannten Weingütern entdecken.

87 **CHEZ JANE**
Rue Washington 63
Ixelles ⑤
+32 (0)2 850 58 91

Chez Jane ist ein gemütlicher Weinladen in Ixelles mit über 200 Bioweinen. Die Besitzer suchen auf ihren Reisen durch Frankreich und Italien nach unverwechselbaren Weinen für ihre Kunden. Sie können einige ihrer Funde im Chez Tarzan (Haus Nr. 59) nebenan probieren, wo auf kleinen Tafeln Informationen zu den verschiedenen Weinen notiert sind. Die Küche sorgt für Snacks wie Hummus, Avocado-Mousse oder belgischen Weißpudding.

## 88 BASIN & MAROT

Rue de Page 88
Ixelles ⑤
+32 (0)2 538 84 84
*basin-marot.be*

Dieser kleine inspirierende Weinladen, der versteckt in einem Hof in der Rue de Page liegt, wird Sie begeistern. Hier stapeln sich die Weinkisten bis zur Decke, und manchmal stehen ein paar offene Flaschen zur Verkostung auf dem Tisch. Die angebotenen Weine stammen von Winzern, die ihre Trauben als reines Naturprodukt ohne Chemikalien oder Dünger anbauen. Viele der renommierten Restaurants der Stadt beziehen hier ihre Weine.

## 89 BEER MANIA

Chaussée de Wavre 174–176
Ixelles ⑤
+32 (0)2 512 17 88
*beermania.be*

Nasser Eftekhari betreibt einen Bierladen mit über 400 Marken in den Regalen. Einer der wenigen Orte in der Stadt, der Westvleteren führt, ein Trappistenbier aus Westflandern, das von der einflussreichen Website *RateBeer.com* zum »besten Bier der Welt« gewählt wurde. Auch ein eigenes Bier, Mea Culpa, wird zusammen mit einem speziellen Glas verkauft. Im hinteren Teil des Ladens gibt es einen kleinen Verkostungsraum.

## 90 MALTING POT

Rue Scarron 50
Ixelles ⑤
+32 (0)2 646 79 66
*maltingpot.be*

Der auf Bier spezialisierte Malting Pot ist eine der besten Anlaufstellen, für alle, die auf der Suche nach interessanten neuen Craft-Bieren sind. Der nette Besitzer führt Biere von kleinen Brüsseler Brauereien wie Brasserie de la Senne oder Brussels Beer Project und seltene ausländische Biere aus Frankreich, den USA, Schottland oder Norwegen.

## *Die 5 besten*
# FOOD-TRUCKS
## *und wo sie zu finden sind*

91 **IL SAPORE DELLA DOLCE VITA**
MARKT AM
PLACE DU CHÂTELAIN
**Ixelles ⑤**
**Mittwochs von 12 bis 20 Uhr**

Zwei sympathische junge Frauen aus Bologna verkaufen aus einem knallgelben, mit nostalgischen italienischen Fotos dekorierten Lieferwagen authentische mit Schinken oder Käse gefüllte Piadina aus ihrer Heimatregion.

92 **SINSTREETFOOD**
MARKT AM
PLACE VAN MENEN
**Saint-Gilles ⑥**
**Montags von 12.15 bis 19.15 Uhr**

Dieser coole Food-Truck verkauft auf Festivals und Märkten in der ganzen Stadt köstliches vegetarisches Essen, darunter auch leckere Burger. Die jeweiligen Standorte werden auf der Facebook-Seite veröffentlicht.

93 **CRÊPERIE TY PENTY**
MARKT AM
PLACE FLAGEY
**Ixelles ⑤**
**Sonntags von**
**8 bis 15 Uhr**

Ein nettes Pärchen aus der Bretagne fährt den markanten schwarzen Lieferwagen mit französischen Nummernschildern. Sie kombinieren traditionelle Crêpes mit ungewöhnlichen Toppings und kleinen Schälchen mit Cidre. Unter der Woche parken sie an verschiedenen Orten; die jeweiligen Termine können Sie auf ihrer Facebook-Seite nachlesen.

94 **CHANG NOI**
**Square Frère-Orban**
**Europa-Viertel ④**
**Mittwochs von**
**11.30 bis 14 Uhr**
*changnoi.be*

Dieser kleine Lieferwagen steht jeden Mittwoch auf dem Square Frère-Orban. Der Koch bereitet thailändisches Streetfood in blubbernden Töpfen zu, das Sie in dem überdachten Bereich neben dem Wagen essen können. Ideal für ein schnelles Mittagessen. Auf der Homepage bzw. Facebook sind die aktuellen Standorte zu sehen.

95 **LE PETIT NUAGE**
PARC LÉOPOLD
**Etterbeek**
**+32 (0)472 83 61 93**

Yuan verkauft sein Bio-Eis von einem blau-weißen Fahrrad-Eiswagen aus. Sein Lieblingsplatz ist neben dem Teich im Parc Léopold, wo er seine seltenen Eissorten an EU-Mitarbeiter und an Schulkinder verkauft. Sie können seine Pläne für den Tag auf seiner Facebook-Seite einsehen.

DIVISION II
PROMOTION A
PROMOTION B
DIVISION IIIA
DIVISION I
DIVISION IIIB
PROMOTION C
PROMOTION D

# 60 ORTE FÜR EINEN DRINK

# Die 5 beliebtesten Lokale der EINHEIMISCHEN

96 **LE CIRIO**
**Rue de la Bourse 18/20**
**Zentrum ①**
**+32 (0)2 512 13 95**

Das schönste Café in Brüssel! Der Name des seit über 130 Jahren bestehenden Le Cirio leitet sich von einem italienischen Konservenfabrikanten ab, der seine Tomatendosen in die ganze Welt exportierte und italienische Restaurants und Feinkostläden in mehreren europäischen Städten eröffnete. Von ihnen ist nur noch das wundervolle, authentische Jugendstil-Kaffeehaus übrig. Am Nachmittag schauen gerne ältere Damen mit ihren Schoßhündchen auf einen Weißwein und Spumante vorbei. Am frühen Abend gehen die Damen nach Hause und ein jüngeres Publikum übernimmt.

97 **À LA MORT SUBITE**
**Rue Montagne-aux-Herbes Potagères 7**
**Zentrum ①**
**+32 (0)2 513 13 18**
***alamortsubite.com***

Dieses spektakuläre, 1910 von Paul Hamesse entworfene Café empfängt Sie mit riesigen Spiegeln, Marmorsäulen und verblichenen Fotos von Jacques Brel. Die Kellnerinnen sind leicht säuerlich wie das Bier. Mort Subite ist zwar kein *hidden secret*, hat sich aber seine authentische Atmosphäre bewahrt.

98 **À L'IMAIGE NOSTRE-DAME**

**Impasse des Cadeaux 3 (von der Rue du Marché aux Herbes 8 abgehend)**
**Zentrum ①**
**+32 (0)497 91 54 15**
***imaigenostredame.be***

Diese 1884 eröffnete Bar liegt am Ende einer schmalen Passage in einem Haus aus dem späten 17. Jahrhundert. Hier fühlt man sich wie in einem Landgasthof; die Bar verteilt sich auf mehrere gemütliche und mit Antiquitäten gefüllte Räume, in denen die Einheimischen plaudern oder ein traditionelles flämisches Kneipenspiel spielen, bei dem mit Münzen nach einem Frosch geworfen wird.

99 **AU LABOUREUR**

**Rue de Flandre 108**
**Dansaert-Viertel ②**
**+32 (0)2 512 13 82**

Diese traditionsreiche Kneipe hat sich den entspannten Charme vergangener Tage bewahrt – auch wenn die Gegend inzwischen sehr hip ist. Das Innere ist mit alter Bierwerbung, runden Spiegeln und einer alten Telefonzelle dekoriert. Hierher kommen die Einheimischen zum Kartenspielen oder Zeitunglesen. An Sommerabenden trifft man sich im Außenbereich, um auf ein Papegaei-Bier aus Diksmuide abzuhängen.

100 **BRASSERIE VERSCHUEREN**

**Parvis de Saint-Gilles 11–13**
**Saint-Gilles ⑥**
**+32 (0)2 539 40 68**

In dieser 1888 von Louis Verschueren gegründeten Brasserie wurde früher auch Bier gebraut. Eine nette Nachbarschaftskneipe, in der sich Einheimische und Zugezogene aller Altersklassen treffen. Wunderschöne Einrichtung aus den 1930ern mit Fliesenboden, schlichten Holzmöbeln und einer alten Fußball-Anzeigetafel. Tipp: hausgemachte Suppen und Bier aus der Region.

# *Die 5*
# COOLSTEN BARS

101 **MAPPA MUNDO**
Rue du Pont
de la Carpe 2-6
Dansaert-Viertel ②
+32 (0)2 514 35 55

Die zentral gelegene Bar wurde – wie das gegenüberliegende Roi des Belges – von Frédéric Nicolay entworfen. Hier ist es immer voll. Wer Glück hat, ergattert draußen einen Tisch oder sogar im ersten Stock einen Fensterplatz mit Blick zur Straße.

102 **HINTERLAND**
Chaussée de
Charleroi 179
Saint-Gilles ⑥
+32 (0)2 537 97 47
*hntrlnd.be*

Die Besitzer Julien und Olivia nennen ihr Eckcafé an der Chaussée de Charleroi einen urbanen Zufluchtsort. Das Innere ist im skandinavischen Design mit unverputzten Backsteinwänden, Tischen aus hellem Holz und Baumstammhockern eingerichtet. Köstlicher Kaffee, Bio-Quiches, Sandwiches und Käsekuchen.

103 **CAFÉ FLORA**

**Parvis de Saint-Gilles 16**
**Saint-Gilles ⑥**
**+32 (0)2 514 94 69**
*cafeflora.be*

Diesem Café am Platz Parvis de Saint-Gilles hat der Designer Lionel Jadot mit gelben Tischen, abstrakten Deckengemälden und eigenwilligen Details einen Mailänder Vibe verliehen. Hinter dem Café liegt das dazugehörige wunderschöne, aber lang vergessene Kino Aegidium, ein Filmpalast von 1905 im orientalischen Stil, das nun nach Jahrzehnten der Vernachlässigung endlich restauriert wird.

104 **CONTREBANDE BAR**

**Place Fernand Cocq 6**
**Ixelles ⑤**
**+32 (0)2 512 24 66**

Diese einladende Bar in Ixelles wird von einer ortsansässigen Kooperative betrieben. Fünf begeisterte junge Leute promoten hier die charakteristischen Biere aus kleinen Brüsseler Brauereien. Lassen Sie sich von dem Gebrauten aus der Brasserie de la Senne, En Stoemelings, L'Ermitage und No Science verführen. Die Küchenmannschaft sorgt für leckere Gerichte (auch vegan).

105 **VELVET PECK**

**Quai au Bois à Brûler 27**
**Dansaert-Viertel ②**
*cafevelvet.co*

Winziges Café auf dem alten Fischmarkt mit kosmopolitischem Flair. Der Besitzerin Ilse Geyskens gehörte zuvor ein paar Jahre lang eine Kaffeebar in Medellin. Das Interieur ist im skandinavischen Design mit Tischen, Bänken und Tulpen in Vasen aus hellem Holz gehalten. Der Kaffee aus kolumbianischen Bohnen ist vielleicht der beste der Stadt.

# 5 Bars mit besonders GROSSER BIERAUSWAHL

106 **MOEDER LAMBIC**
300 BIERE
Rue de Savoie 68
Saint-Gilles ⑥
+32 (0)2 544 16 99
Place Fontainas 8
Zentrum ①
+32 (0)2 503 60 68
*moederlambic.com*

Das Moeder Lambic Original hinter dem Rathaus von Saint-Gilles ist eine gemütliche Eckkneipe, in der das Biertrinken sehr ernst genommen wird. In einer weiteren Filiale in der Innenstadt am Place Fontainas gibt es 46 verschiedene Biere vom Fass. Bodenständiges, gutes Essen, wie Sandwiches und Quiches.

107 **DELIRIUM CAFÉ BRUSSELS**
2004 BIERE
Impasse de la Fidélité 4A
Zentrum ①
+32 (0)2 514 44 34
*deliriumvillage.com*

Diese am Ende einer Gasse versteckte Kneipe führt über 2000 Biere aus 60 Ländern. Hier ist es jeden Abend voll mit Rucksacktouristen, Studenten und Gastbands, die sich alle gleichzeitig in zwölf Sprachen unterhalten. Ein großer Spaß – aber auch ein wenig hektisch.

108 **BIER CIRCUS**
200 BIERE
Rue de l'Enseignement 57
Zentrum ①
+32 (0)2 218 00 34
*bier-circus.be*

Es kann eine Weile dauern, bis man dieses ruhige Lokal im Parlamentsviertel gefunden hat. Auf der einzigartigen Bierkarte befinden sich seltene Biere aus kleinen Brauereien in den Ardennen und dem ländlichen Flandern.

109 **POECHENELLEKELDER**

150 BIERE

**Rue de Chêne 5**

**Zentrum ①**

**+32 (0)2 511 92 62**

***poechenellekelder.be***

Diese Bar liegt direkt gegenüber dem berühmten Manneken Pis: unbedingt meiden? Aber nein, der Besitzer betreibt seine traditionelle Kneipe mit viel Herzblut. Und deswegen kommen auch viele Anwohner, um inmitten der seltsamen Puppensammlung ein leckeres Bier zu genießen.

110 **ULTIME ATOME**

90 BIERE

**Place Saint-Boniface 14**

**Ixelles ⑤**

**+32 (0)2 513 48 84**

***ultimeatome.be***

Diese lebhafte Brasserie im Herzen des afrikanischen Viertels gefällt allen, ob Modestudent oder langjähriger Stammgast. Auf der sorgfältig zusammengestellten Bierkarte steht das nur schwer erhältliche Poperings Hommelbier, ein seltenes Gebräu aus Westflandern.

106 MOEDER LAMBIC

## Die 5 besten Bars für

# JAZZ UND BLUES

111 **L'ARCHIDUC**
Rue Antoine Dansaert 6
Dansaert-Viertel ②
+32 (0)2 512 06 52
*archiduc.net*

Hier muss man klingeln, um eingelassen zu werden. Dann gewährt Ihnen ein Türsteher Zutritt zu dieser verschwiegenen, 1937 im Art-déco-Stil erbauten Cocktailbar. Das Interieur ist inzwischen etwas verblasst, aber immer noch einer der coolsten Orte für Jazz. Manchmal Live-Klaviermusik.

112 **SOUNDS JAZZ CLUB**
Rue de la Tulipe 28
Ixelles ⑤
+32 (0)2 512 92 50
*soundsjazzclub.be*

Rosy und Sergio haben diesen intimen Jazz-Club in den Achtzigern gegründet. Heute ist der coole Club ein wenig in die Jahre gekommen, aber immer noch gut besucht. Einige große Namen des belgischen Jazz sind hier aufgetreten.

113 **JAZZ STATION**
Chaussée de Louvain 193A–195
Saint-Josse ⑨
+32 (0)2 733 13 78
*jazzstation.be*

Am Bahnhof von Chaussée de Louvain, einem flämischen Neurenaissancebau aus dem 19. Jahrhundert, halten schon lange keine Züge mehr. 2005 ließ ein jazzbegeisterter Bürgermeister das Gebäude sorgfältig restaurieren. Heute ist es ein bemerkenswert modernes Jazzzentrum, in dem aufstrebende lokale Talente gefördert werden.

114 **THE MUSIC VILLAGE**
Rue des Pierres 50
Zentrum ①
*themusicvillage.com*

Dieser exklusive private Jazzclub liegt in der Nähe des Grand-Place. Hier spielen ausgezeichnete belgische und ausländische Jazzmusiker.

115 **ROSKAM**
Rue de Flandre 9
Dansaert-Viertel ②
+32 (0)2 503 51 54
*cafe-roskam.be*

Jeden Sonntagabend versammelt sich ein sympathisches Publikum in Roskam, um coolen Jazzklängen zu lauschen. Diese intime Bar im Zentrum ist ein Überbleibsel der Art-déco-Epoche. Hier gibt es klassische belgische Biere wie das Antwerpener De Koninck vom Fass. Auf dem Programm stehen innovative Musiker verschiedenster Stilrichtungen.

113 **JAZZ STATION**

# *Die 5* SPEKTAKULÄRSTEN BARS

116 **DOMINICAN LOUNGE BAR**
THE DOMINICAN HOTEL
**Rue Léopold 9**
**Zentrum** ①
**+32 (0)2 203 08 08**
***thedominican.be***

Früher gab es rund um die Oper kein schönes Lokal für einen gepflegten Drink. Heute lockt die Dominican Lounge Bar mit hohen Decken, Kronleuchtern und bequemen Sesseln. Wenn jeder Stuhl besetzt ist, findet man oft noch einen Tisch im Kreuzgang, mit Blick auf einen verborgenen Garten.

117 **CHICAGO CAFÉ**
**Rue de Flandre 45**
**Dansaert-Viertel** ②
**+32 (0)2 465 96 71**
***chicagocafe.be***

Ein geräumiges Café in der Rue de Flandre, die von den gleichen Leuten wie das Houtsiplou betrieben wird. Die Einrichtung im Stil der 1950er-Jahre besteht aus alten Kinositzen und Topfpflanzen. Im hinteren Teil gibt es Basics wie Hamburger und Eintopf, in der Bar vorne Bavik-Bier. Die Cafébar ist täglich geöffnet, schließt allerdings schon um 17 Uhr.

118 **LIBRARY BAR**
STANHOPE HOTEL
**Rue du Commerce 9**
**Ixelles ⑤**
**+32 (0)2 506 91 11**
***stanhope.be***

Äußerst kultivierte Bar in einer Ecke der Marmorlobby des Stanhope Hotel im EU-Viertel mit ledergebundenen Büchern und einem Hundeporträt über dem Kamin. Zeitungen und Knabberzeug zu den Getränken.

119 **BAR »LE 31«**
MÉTROPOLE HOTEL
**Place de Brouckère 31**
**Saint-Josse ⑨**
**+32 (0)2 217 23 00**
***metropolehotel.com***

Die Bar »Le 31« in der Lobby des Métropole Hotel ist unnachahmlich stilvoll. Schon viele berühmte Persönlichkeiten haben in dem glanzvollen Interieur aus dem 19. Jahrundert, umgeben von Marmor, Vergoldungen und Spiegeln, gesessen. Samstagnachmittags treffen sich hier ältere Damen mit ihren Schoßhündchen und Theaterschauspieler beim Kaffee.

120 **LE GRAND CENTRAL**
**Ecke Rue Belliard 190**
**und Place Jean Rey**
**Europa-Viertel ④**
**+32 (0)2 721 12 52**
***legrandcentral.com***

Das großzügige, zweistöckige Café am Place Jean Rey wurde von Frédéric Nicolay im Industrial-Style ausgestattet. Stoßen Sie sich nicht den Kopf an einem der seltsam gewinkelten Betonbalken mithilfe derer der belgische Architekt Pierre Blondel das 11-stöckige Wohnhaus über einem Autobahntunnel errichtet hat. Das Café im Erdgeschoss ist von früh bis spät durchgehend geöffnet: guter Kaffee, Bio-Essen und belgische Biere.

# Die 5 schönsten
# WEINBARS

121 **PIOLA LIBRI**
**Rue Franklin 66–68**
**Europa-Viertel ④**
**+32 (0)2 736 93 91**
***piolalibri.be***

Eine gesellige italienische Buchhandlung und Weinbar am Rande des Europa-Viertels. In drei kleinen Räumen kann man italienischen Wein bestellen und sich dazu an der Bar einen kleinen Teller mit kostenlosen Knabbereien holen. Am frühen Abend wird es lebhaft, wenn literarische Lesungen oder Konzerte stattfinden.

122 **LE FABIOLA**
**Rue Lesbroussart 52**
**Ixelles ⑤**
**+32 (0)475 35 15 76**

Diese nette Weinbar mit den unverputzten Ziegelwänden und alten Holztischen ist nach einer ehemaligen belgischen Königin benannt. Sie können ein Glas Wein und Tapas bestellen oder einen der originellen Gin Tonics mit Gurken- oder Grapefruitgeschmack probieren.

123 **OENO TK**
**Rue Africaine 31**
**Saint-Gilles ⑤**
**+32 (0)2 534 64 34**
*oeno-tk.be*

Eine hippe Weinhandlung und Bar, die Angebote stehen auf großen Tafeln. Die entspannten Weinproben sind bei dem jungen, kosmopolitischen Publikum aus dem Viertel sehr beliebt.

124 **WINERY BRUGMANN**
**Place George Brugmann 18**
**Ixelles ⑤**
**+32 (0)2 895 77 71**
*winery.be*

Diese kleine Weinhandlung führt hauptsächlich französische Weine, die der Brüsseler Experte Eric Boschman auswählt. Bei schönem Wetter können Sie hier nach der Arbeit ein Glas Wein und dazu eine kalte Platte, z. B. mit Salami, genießen oder als Take away mitnehmen. Weitere Filialen: Boitsfort (Rue Trois Tilleuls 1) und Danseart (Rue Léon Lepage 53).

125 **ETIQUETTE WINES**
**Avenue Émile De Mot 19**
**Ixelles ⑤**
**+32 (0)2 644 64 11**
*etiquette-wines.com*

Einladende, lebhafte Weinbar an einer belebten Allee gegenüber der Abbaye de la Cambre. Sie können drinnen zwischen den Weinregalen oder draußen auf der großen Terrasse sitzen. Der Sommelier bietet 56 offene Weine an, dazu gibt es Pintxos. Das Tolle ist, dass man eine Guthabenkarte kaufen kann und sich dann aus den Reihen der offenen Flaschen selbst bedienen darf.

# *Die 5 besten Bars mit*
# **LIVEMUSIK**

126 **BAR DU MATIN**
Chaussée d'Alsemberg 172
Forest ⑥
+32 (0)2 537 71 59
*bardumatin.be*

Frédéric Nicolay entwarf diese coole Bar in seinem strengen Signature Style und stieß damit eine Entwicklung an, die eine schmuddelige Ecke der Stadt in ein hippes Viertel verwandelt hat. Entspannte Tagesbar mit harten Holzstühlen und großen Glasfenstern. Donnerstags, freitags und samstags ziehen die Jazz- und DJ-Sets bis spät in die Nacht hinein Besuchermassen an.

127 **BONNEFOOI**
Rue des Pierres 8
Zentrum ①
*bonnefooi.be*

Eine gemütliche Bar mit flämischem Flair, in der fast jeden Abend DJ-Sessions stattfinden. Später am Abend wird es oft voll, wenn die Leute nach einem Konzert im Ancienne Belgique von gegenüber noch auf ein Bier vorbeischauen. Das Zwischengeschoss kann für Partys gebucht werden.

128 **MONK**

**Rue Sainte-Catherine 42**
**Dansaert-Viertel ②**
**+32 (0)2 511 75 11**
*monk.be*

Hübsche historische Brüsseler Bar mit einer Wandvertäfelung aus Holz, Spiegeln und einem Klavierflügel. Das getäfelte Hinterzimmer hat sich ebenso unverändert erhalten wie der Hinterhof mit den Toiletten. Beliebt bei den jungen Flamen, die abends hier im Viertel unterwegs sind.

129 **LONDON CALLING**

**Rue de Dublin 46**
**Ixelles ⑤**
**+32 (0)478 58 22 20**
*londoncalling.be*

Intime Musikkneipe an einem kleinen Platz mit geradezu dörflichem Flair. An mehreren Abenden in der Woche werden Live-Konzerte veranstaltet, um Punkt Mitternacht ist allerdings Schluss. Einige gehen dann runter in den Keller, wo die Party weitergeht.

130 **CAFÉ LAVA**

**Rue Saint-Christophe 20**
**Dansaert-Viertel ②**
**+32 (0)489 10 01 23**

Die mit ramponierten Möbeln und einem uralten Sofa ausgestattete Bar hat sich zu einem beliebten Treffpunkt für die Schachspieler aus der Nachbarschaft entwickelt. Dienstags Live-Jam-Sessions.

# Die 5 feinsten KAFFEELÄDEN

131 **KAFFABAR**
**Place Rouppe 1**
**Zentrum ①**
**+32 (0)498 42 66 84**
***kaffabar.be***

Marc hat einen gut bezahlten Job im Finanzwesen gekündigt, um diese der Kunst des Kaffeezubereitens gewidmete Bar zu eröffnen. Beim Eintreten trifft man als Erstes auf die vor sich hin dösende Bulldogge Marcel. Der Kaffee wird mit Bohnen aus den besten europäischen Röstereien zubereitet. An schönen Sommertagen sucht man sich am besten ein Plätzchen im schattigen Außenbereich.

132 **MOK**
**Rue Antoine Dansaert 196**
**Dansaert-Viertel ②**
**+32 (0)495 31 67 18**
***mokcoffee.be***

Jens Crabbes Kaffeebar in der Nähe des Kanals hat sich zu einem beliebten Treff für junge Leute aus dem Viertel gemausert. Im Inneren mit Bänken aus hellem Holz und einem gefliesten Boden versteckt sich ein Mittagsbüfett im Hinterzimmer. Der ziemlich perfekte Espresso kommt aus einer La-Marzocco-Espressomaschine. Selbst geröstete Kaffeebohnen zum Mitnehmen.

133 **BELGA & CO**

**Rue du Bailli 7A**
**Ixelles ⑤**
**+32 (0)2 644 14 98**
***belgacoffee.com***

Der Antwerpener Kaffeeröster Charly Meerbergen hat in der Nähe der Avenue Louise eine stilvolle Kaffeebar eröffnet. Das malerische Innere des historischen Stadthauses ist mit Vintage-Tischen und robusten Holzregalen ausgestattet. Im Hinterhof gibt es einen kleinen Garten mit ein paar Tischen, und bei dem netten Team an der Theke bekommen Sie frische Croissants, Kekse und mittags Sandwiches.

134 **OR ESPRESSO BAR**

**Rue Orts 9**
**Dansaert-Viertel ②**
**+32 (0)2 511 74 00**
***orcoffee.be***

Katrien Pauwels und ihr Mann betreiben mitten im Brüsseler Stadtzentrum eine gemütliche Kaffeebar mit unverputzten Ziegelwänden und kleinen Holztischen, in der sie Kaffee aus der eigenen Kaffeerösterei im flämischen Dorf Westrem servieren. Der Raum im ersten Stock ist schön ruhig und gut zum Arbeiten geeignet. Filiale am Place Jourdan 13a.

135 **KAMI**

**Chaussée de Waterloo 355**
**Saint-Gilles ⑥**

Die 2019 von Clara und Elias an der Chaussée de Waterloo eröffnete Kaffeebar ist eine der schönsten der Stadt und mit den weiß getünchten Backsteinwänden, den schlichten Holzbänken und Grünpflanzen eine wahre Oase des Zen-Designs. Den Cappuccino in einer schönen Keramiktasse und den veganen Biokuchen von Cookie Tree genießen die Gäste entweder auf den Bänken im Garten oder in den Sesseln im Wintergarten.

## Die 5
# ROMANTISCHSTEN CAFÉS

136 **LA TERRASSE**
**Avenue des Celtes 1**
**Etterbeek**
**+32 (0)2 732 28 51**
***brasserielaterrasse.be***

Ein traditionelles Brüsseler Kaffeehaus: das Innere ist mit dunklem Holz und Spiegeln ausgestattet, die Außenterrasse auf dem Büergersteig von einer dichten Hecke umgeben. Gutes Essen, ungewöhnlich freundliches Personal.

137 **A.M. SWEET**
**Rue des Chartreux 4**
**Dansaert-Viertel ②**
**+32 (0)2 513 51 31**

Reizende Teestube mit kleinen Metalltischen, die in mehreren kleinen Räumen voller Krimskrams aufgestellt sind. Eine schmale Wendeltreppe führt zum oberen Stockwerk, wo Paare sich zu einem ungestörten Tête-à-Tête zurückziehen können. Die freundliche Besitzerin An-Marie serviert ausgezeichnete Tees von Mariage Frères aus Paris und vortreffliche Pralinen des Brüsseler Chocolatiers Laurent Gerbaud. Haushund Cézanne macht die charmante Atmosphäre perfekt.

## 138 LA PORTEUSE D'EAU

**Avenue Jean Volders 48**
**Saint-Gilles ⑥**
**+32 (0)2 537 66 46**
***laporteuse.eu***

Das nach einer in der Nähe aufgestellten Skulptur eines Wasserträgers benannte Café hat zwei Etagen, Buntglasfenster und eine schöne Wendeltreppe. Es stammt aber nicht von Victor Horta. Vielmehr handelt es sich dabei um eine liebevolle Imitation, die sich gut in die umliegenden echten Jugenstilbauten einfügt. Dieses idyllische Eckcafé liegt abseits der ausgetretenen Pfade: Hier treffen sich vornehmlich die Einheimischen. Im Obergeschoss kann man sich in aller Ruhe unterhalten und dazu eines der sorgfältig ausgewählten Biere genießen.

## 139 MOKA

**Rue des Riches Claires 5**
**Zentrum ①**
**+32 (0)473 76 73 45**

In dieser winzigen Kaffeebar nahe am Place Saint Géry ist es ein bisschen eng. Das Interieur im coolen Retro-Chic mit farbig gefliestem Boden, roten Resopaltischen und Pflanzen in Hängeampeln verströmt ein fast italienisches Flair. Und die Damen an der Bar zaubern ihren Kaffee auf einer alten Faema-Espressomaschine des Vorbesitzers. Craft-Biere aus einer kleinen Brüsseler Brauerei.

## 140 COMPTOIR FLORIAN

**Rue Saint Boniface 17**
**Ixelles ⑤**
**+32 (0)2 513 91 03**
***comptoirflorian.be***

Winziger Teesalon in einem schmalen Jugendstilgebäude von Ernest Blérot. Vorne im Laden hatte der Besitzer bei der letzten Zählung über 230 Teesorten vorrätig.

*Die 5 schönsten*
# SONNENTERRASSEN

141 **KARSMAKERS**
**Rue des Trèves 20**
**Ixelles ⑤**
**+32 (0)2 502 02 26**
***karsmakers.be***

In Jyrki Karsmakers Kaffeebar gegenüber dem Europäischen Parlament wird in einem hellen, modernen Interieur exzellenter Espresso serviert. Besonders nett ist es im Hinterzimmer mit Sesseln, Kamin und Spielzeugkisten. Der schattige Hinterhof ist einer der idyllischsten Orte im Europa-Viertel.

142 **CAFÉ DE MARKTEN**
**Rue du Vieux Marché aux Grains 5**
**Dansaert-Viertel ②**
**+32 (0)2 512 34 25**
***cafedemarkten.be***

Dieses helle Café ist dem flämischen Kulturzentrum De Markten angegliedert. Auf dem Platz davor sitzt man schön im Schatten alter Bäume, im Sommer gibt es sogar einige Liegestühle – perfekt für einen Drink in der späten Nachmittagssonne.

143 **AU SOLEIL**
**Rue du Marché au Charbon 86**
**Zentrum ①**
**+32 (0)2 512 34 30**

Der Name und die Werbeschilder zeugen noch von den vergangenen Tagen als Schneiderei. Heute ist der Eckladen eine hippe Cafébar mit Klapptischen und -stühlen, in dem man mitten in der Fußgängerzone einen Platz in der Sonne findet.

## 144 LA FABRIQUE EN VILLE

PARC D'EGMONT
**Boulevard de Waterloo 44**
**Sablon ③**
**+32 (0)2 513 99 48**
***lafabriqueresto.be***

Eine der schönsten Sonnenterrassen der Stadt gehört zur L'Orangerie, einem in den 1830er-Jahren erbauten klassizistischen Gebäude im Egmont-Park, das viele Jahre lang leer stand. Heute ist es ein attraktives Restaurant mit einem großen Außenbereich, wo man unter alten Bäumen im Schatten sitzt.

## 145 CAFÉ DES MINIMES

**Rue des Minimes 60**
**Sablon ③**
**+32 (0)2 355 37 11**
***cafedesminimes.com***

In dem 2018 von jungen Eigentümern eröffneten Café an einem ruhigen Platz sitzt man im Schatten eines alten Baumes und fühlt sich dabei fast wie in der Provence. Perfekter Ort für ein Getränk oder ein Mittagessen. Konzerte.

144 LA FABRIQUE EN VILLE

## *Die 5 besten*

# COCKTAILBARS

146 **VERTIGO**

**Rue de Rollebeek 7**
**Sablon ③**
**+32 (0)2 511 95 17**

Zwei Barkeeper haben in einem ehemaligen Gasthaus aus dem 16. Jahrhundert eine gemütliche Cocktailbar mit Kerzenlicht, unverputzten Ziegelwänden, Kaminfeuer und sanfter Jazzmusik eingerichtet. Alexis Mosselmans steht hinter der Bar und mixt einfallsreiche Cocktails.

147 **LA PHARMACIE ANGLAISE**

**Coudenberg 66**
**Zentrum ①**
**+32 (0)489 56 07 36**
***lapharmacieanglaise.com***

Der italienische Architekt Francesco Ravo hat in einer Apotheke aus dem 19. Jahrhundert eine der besten Cocktailbars der Stadt geschaffen. Das Innere ist ein Durcheinander aus alten Koffern, seltsamen Laborgefäßen und gruseligen Tierpräparaten. Die kompetenten Barkeeper kreieren denkwürdige Cocktails aus Hendriks Gin, servieren aber auch einige seltene japanische Whiskys.

148 **LIB – LIFE IS BEAUTIFUL**

**Rue Antoine Dansaert 161**
**Dansaert-Viertel ②**
**+32 (0)2 223 59 99**
***libcocktailbar.com***

Keine geheime Tür oder Hipster-Bärte. Karoline und Harouna betreiben eine unkomplizierte Cocktailbar mit schlichtem Inneren und Kerzenschein. Die Cocktails inklusive einiger witziger Eigenkreationen locken ein internationales Publikum an. Besonders empfehlenswert ist *Under the Garden*, der mit Eiche geräuchert und dann mit einer Mini-Topfpflanze versiegelt wird – das Getränk sieht aus wie ein missglücktes wissenschaftliches Experiment.

149 **HUMUS X HORTENSE**

**Rue de Vergnies 2**
**Ixelles ⑤**
**+32 (0)474 65 37 06**
***humushortense.be***

Diese elegante Restaurant-Cocktailbar nahe am Place Flagey ist mit Marmortischen, Holzregalen unter einer extravaganten Jugendstildecke eingerichtet. Chefkoch Nicolas Decloedt kreiert innovative vegetarische und vegane Biogerichte aus saisonalen und regionalen Zutaten, während Barkeeper Mathieu Chaumont dazu passende Cocktails (auch alkoholfreie), Wein und Craft-Biere anbietet.

150 **DE HAUS**

**Chaussée d'Ixelles 183**
**Ixelles ⑤**
**+32 (0)2 503 21 95**
***dehaus.be***

Eine flippige Cocktailbar gegenüber dem Ixeller Rathaus im Berliner Schmuddellook mit alten Familienfotos, komischen Lampen und von der Decke hängenden Holzbierkisten. Ein entspannter, netter Ort, um sich auf einen Drink und Snacks zu treffen. Geöffnet von 16 Uhr bis »ziemlich spät« oder »sehr spät« oder auch »sooo spät«.

# *Die 5 leckersten*
# BRÜSSELER BIERE
# *und wo man sie probieren kann*

151 **CANTILLON GUEUZE**
À LA BÉCASSE
**Rue de Tabora 11**
**Zentrum ①**
**+32 (0)2 511 00 06**
***alabecasse.be***

Der erste Schluck ist gewöhnungsbedürftig, aber dieses klassische saure Brüsseler Bier könnte Ihnen nach und nach ans Herz wachsen. Es wird in der über 100 Jahre alten Brauerei in der Nähe des Hauptbahnhofs nach traditionellen, jahrhundertealten Verfahren gebraut. Cantillon wird auch als Champagner der Biere bezeichnet, ist aber nur in einem Dutzend Brüsseler Bars erhältlich.

152 **ZINNEBIR**
BARBETON
**Rue Antoine Dansaert 114**
**Dansaert-Viertel ②**
**+32 (0)2 513 83 63**
***barbeton.be***

Dieses helle belgische Bier mit einem Hauch Hopfen gewinnt in Brüssel immer mehr Anhänger, was zum Teil wohl auch auf das schicke Etikett zurückzuführen ist. Es wird von der Brasserie de la Senne gebraut, die in Flandern auf dem Land gegründet wurde, aber 2010 in das industrielle Molenbeek umgezogen ist.

153 **LA LANTERNE**
NANOBRASSERIE L'ERMITAGE
**Rue Lambert Crickx 28**
**Anderlecht ⑦**
***ermitagenanobrasserie.be***

Die winzige urbane Brauerei L'Ermitage stellt seit 2017 in einer ehemaligen Zigarettenfabrik im Herzen von Anderlecht attraktive Craft-Biere her, darunter das IPA La Lanterne. Fast jeden Samstag finden Verkostungen im Schankraum statt. Die Biere gibt es auch in unabhängigen Brüsseler Bars.

154 **DELTA**
BRUSSELS BEER PROJECT
**Rue Antoine**
**Dansaert 188**
**Dansaert-Viertel ②**
***beerproject.be***

Im Sommer 2013 brachten Olivier de Brauwere und Sébastien Morvan ein neues Craft-Bier namens Delta auf den Markt. Mithilfe von Crowdfunding haben sie weitere Biere entwickelt, darunter Dark Sister und das herrliche Hefeweizen Grosse Bertha. Die Biere entstehen in einem Braulabor in einem stillgelegten Sudhaus im Zentrum, das von Donnerstag bis Samstag geöffnet ist.

155 **CURIEUSE NEUS**
EN STOEMELINGS
**Rue Dieudonné**
**Lefèvre 37**
**Sainctelette ⑧**
**+32 (0)2 259 25 46**
***enstoemelings.be***

Die Craft-Bier-Brauerei En Stoemelings wurde im Sommer 2015 von Denis Van Elewyck und Samuel Languy in den Marolles gegründet. Im Jahr 2017 zog die nach einem alten Brüsseler Ausdruck benannte Brauerei in größere Räumlichkeiten im Stadtteil Tour & Taxis um.

BIEREN
CONCORDIA

# 70 ORTE ZUM SHOPPEN

*Die 5 innovativsten*

# BRÜSSELER DESIGNER

156 **L'AUBERGE ESPAGNOLE**
Chaussée de Wavre 331
Europa-Viertel ④

In diesem Pop-up-Store können Existenzgründer aus ganz Europa eine Saison lang neue Konzepte austesten. Der Laden in der Nähe des Place Jourdan wurde vor einigen Jahren vom örtlichen Gemeinderat ins Leben gerufen – und seitdem präsentieren hier junge Menschen koninuierlich ihre innovativen Ideen für den Einzelhandel. Mehrere Unternehmer haben im Anschluss ihren eigenen Laden eröffnet, darunter bespielsweise der Pflanzenladen Urban Gardener in Ixelles.

157 **NATAN**
Avenue Louise 158
Louisen-Viertel ⑤
+32 (0)2 647 10 01
*natan.be*

In diesem wunderschönen weißen Stadthaus in der Avenue Louise eröffnete Edouard Vermeulen 1983 sein Modehaus. Er entwirft schöne Kleider in lebhaften Farben für wohlhabende Frauen aus Belgien und ganz Europa – zu seinen Kundinnen zählen Königin Mathilde von Belgien und Königin Máxima der Niederlande. Für Neuhaus hat er eine Schokoladenschachtel entworfen.

158 **JEANPAULKNOTT**
Rue Lebeau 57
Sablon ③
+32 (0)2 511 66 56
*jeanpaulknott.com*

In seinem kleinen Laden am Sablon entwirft der Brüsseler Designer Jean Paul Knott bemerkenswerte, exquisit geschnittene Kleidung für Männer und Frauen in dezentem Grau und Weiß. Seine Kleidungsstücke sind oft ganz verschieden einsetzbar, so kann sich beispielsweise ein Hemd in eine Jacke verwandeln.

159 **NINA MEERT**
Place Saint-Boniface 1–5
Ixelles ⑤
+32 (0)2 514 22 63
*ninameert.be*

Nina Meert verkauft ihre romantische Mode in einem eleganten Jugendstilgeschäft in Ixelles. Die Designerin wuchs in Paris auf und zog in den 1970er-Jahren nach Brüssel. Ihre einzigartigen Kleider und Brautkleider aus wunderschönen Stoffen werden bei Harrods verkauft und von französischen Filmstars wie Isabelle Adjani und Isabelle Huppert getragen.

160 **VALÉRIE BERCKMANS**
Rue Van Artevelde 8
Dansaert-Viertel ②
+32 (0)2 502 94 00
*valerieberckmans.be*

Die Brüsseler Designerin Valérie Berckmans entwirft in einem kleinen Kelleratelier unter ihrem Laden unter fairen Bedingungen hergestellte Kleidung für die moderne Stadtnomadin. Für ihre Kollektionen mit einem Hauch von französischem Chic verwendet sie Bio-Materialien und Vintage-Stoffe. Der Laden hat auch Schuhe und Accessoires von belgischen und französischen Designern im Angebot.

## *Die 5 hippsten*
# CONCEPT-STORES

161 **HUNTING AND COLLECTING**
Rue des Chartreux 17
Dansaert-Viertel ②
+32 (0)2 512 74 77
*huntingandcollecting.com*

Anfang 2010 eröffneten Niels Radtke und Aude Gribomont einen der spannendsten Läden in Brüssel. Wie der Name schon sagt, jagen und sammeln sie ein eklektisches und ausgefallenes Sortiment an Kleidung, Büchern und Objekten. Zusätzlich stellen sie Kunst im Keller aus, verlegen eine Zeitschrift und organisieren auch gelegentlich Veranstaltungen.

162 **RESERVOIR SHOP**
Rue Lesbroussart 43A
Ixelles ⑤
+32 (0)2 219 69 23

Diese Ladengalerie in der Nähe des Place Flagey bietet eine eklektische Auswahl an Streatwear, Zeitschriften und Accessoires. Das zweite Geschäft Reservoir Wo-Man in der Rue Gachard 4 verkauft entspannte, schlichte Damenmode im Nordic-Style.

163 **TICH**

Rue de Namur 25
Sablon ③
+32 (0)2 503 83 30

Dieser smarte Concept-Store in der Nähe des Königspalastes kombiniert ein Café und ein veganes Restaurant mit einem Souvenirladen und einer Ecke mit Lebensmitteln. Der helle, weitläufige Laden mit langer Holztheke und Glasvitrinen, bequemen Sesseln und mit Kissen übersäten Holzstufen lädt ein, sich einen Kaffee mit Mandelmilch, eine Packung Quinoa oder sogar ein Poster mit einem *New Yorker* Cover zu gönnen.

164 **MR. EGO**

Rue des Pierres 29
Zentrum ①
+32 (0)2 502 47 87
*mr-ego.be*

Ein witziger Laden für ungewöhnliche Marken wie Pharmacy Industry und Etnies. Auch super, um Plakate und Flyer für anstehende Konzerte zu checken.

165 **URBAN THERAPY**

Rue de Flandre 84
Dansaert-Viertel ②
+32 (0)2 319 44 42
*urbantherapy.be*

Der faszinierende Concept-Store von Anis und Céline gleicht einem Kuriositätenkabinett. Die beiden sind um die ganze Welt gereist, um ihre ideenreichen Angebote zusammenzustellen, darunter eine beeindruckende Sammlung von Flaschengärten aus Paris. Dazu kommen ihre einzigartigen persönlichen Akzente, z. B. das Glas Pfefferminztee, während man durch den Laden schlendert, Flaschengarten-Workshops oder ein Sonntagsbrunch mit dem Auftritt einer Opernsängerin.

165 **URBAN THERAPY**

## *Die 5 originellsten Läden mit*
# BELGISCHER MODE

166 **AKASO**
Galerie du Roi 1
Zentrum ①
+32 (0)2 513 20 07
*akaso.eu*

Der frühere Diplomat Philippe Vertriest suchte sich 2014 einen neuen Beruf und gründete von afrikanischer Körpermalkunst inspiriertes belgisches Modelabel. Sein Team in Äthiopien kreiert warme, abstrakte Designs, die auf überlieferten Traditionen des Kara-Stammes basieren. Sie können die Akaso-Geschichte in einer Diashow verfolgen, die auf die Wand des Flagship-Stores projiziert wird, der 2018 in den Galeries Saint-Hubert eröffnet wurde.

167 **JUST IN CASE**
Rue Léon Lepage 63
Dansaert-Viertel ②
+32 (0)2 511 50 01
*justincase.be*

Eines der innovativsten Modelabel des Landes. Gegründet wurde es von zwei Belgierinnen, die sich bei einer Busfahrt kennengelernt haben. Vicky Vinck und Katrien Strijbol entwerfen elegante Damenmode, die ihre Liebe zu farbenfrohen, romantischen Drucken widerspiegelt. Sie betreiben Läden in Antwerpen, Brüssel, Gent und Nieuwpoort und präsentieren ihre Kollektionen in eigenwilligen, an ungeschönten Industriestandorten gedrehten Videos.

168 **NIYONA**

Rue de Laeken 86
Dansaert-Viertel ②
+32 (0)2 219 20 74
*niyona.be*

Nina Bodenhorst stellt einzigartige Handtaschen aus Leder her, das eine regionale Gerberei liefert. Neben Brillenetuis und Geldbörsen entwirft die Designerin außerdem auch Menükartenhalter, Lederschürzen und Tischsets für gehobene Restaurants in der Umgebung. Schauen Sie im Ladenatelier vorbei, um ihre neuesten Kreationen zu bewundern.

169 **UNICA**

Rue de Flandre 118
Dansaert-Viertel ②
+32 (0)477 70 55 73
*unicabrussels.com*

Die Modedesignerin Carine Lauwers zog 2016 in die Rue de Flandre Ihre neuen Räumlichkeiten teilt sie sich mit Nadine Serbruyns, die Vintage- und Designermöbel restauriert. Lauwers fertigt in ihrem Schneideratelier im hinteren Teil des Ladens individuelle Kleider.

170 **CARINE GILSON**

Boulevard de Waterloo 26
Louisen-Viertel ⑤
+32 (0)2 289 51 47
*carinegilson.com*

In einem kleinen Atelier im Stadtteil Anderlecht fertigt das Team der Brüsseler Designerin Carine Gilson exklusive Dessous aus zarter Lyoner Seide und feinster Spitze aus Calais. Gilson lässt sich bei ihren Enwürfen von japanischen Kimonos und dem Mythos des Garten Eden inspirieren. Ihre luxuriöse, handgefertigte Wäsche wird in einem eleganten Geschäft in einem kleinen Gässchen in der Nähe des Place Louise verkauft.

# *Die 5 besten*
# SECONDHANDLÄDEN

171 **LES ENFANTS D'EDOUARD**
Avenue Louise 175-177
Ixelles ⑤
+32 (0)2 640 42 45 (D)
+32 (0)2 640 24 48 (H)
*lesenfantsdedouard.com*

Die prächtige Eingangshalle mit ihrem großen Wandbild von Brüssel scheint viel zu prächtig für einen Secondhandladen. Und doch: Les Enfants d'Edouard verkauft in diesem herrlichen Stadthaus seit mehreren Jahrzehnten Designermode zu stark reduzierten Preisen. Der Laden für Männer – etwas weniger prachtvoll – befindet sich im Nachbarhaus.

172 **BERNARD GAVILAN**
Rue Blaes 137 und 162
Place du Jeu de Balle 5
Marolles ③
+32 (0)2 513 92 90
*bernardgavilan.be*

Seit 1994 verkauft Bernard Gavilan in den Marolles unkonventionelle Secondhandkleidung und Accessoires. Heute betreibt er drei flippige Läden, die mit witzigen Dingen vergangener Tage vollgestopft sind, darunter Schuhe, Handtaschen und große Sonnenbrillen. Sogar seine Website ist unheimlich lustig.

173 FOXHOLE

173 **FOXHOLE**

Rue des Renards 6
Marolles ③
+32 (0)477 20 53 36
*foxholevintage.com*

Um die Ecke vom Jeu-de-Balle-Flohmarkt liegt dieser gut sortierte Secondhandladen mit flippigen Klamotten und bunten Accessoires aus den 1950er- bis 1980er-Jahren. Gut für Vintage-Schuhe, Trilby-Hüte und wild gemusterte Hemden. Ein zweiter Laden in der Rue des Riches Claires 4 hat ein kleineres Sortiment.

174 **GABRIELE VINTAGE**

Rue des Chartreux 27
Dansaert-Viertel ②
+32 (0)2 512 67 43
*gabrielevintage.com*

Halten Sie Ausschau nach der in Neonfarben gekleideten Schaufensterpuppe auf dem Bürgersteig – dann haben Sie Gabriele Vintage gefunden! Eigentlich kam Gabriele Wolf als Kostümbildnerin aus dem Schwarzwald nach Brüssel – jetzt betreibt sie einen Laden voller extravaganter Kleidung. Ihre große Leidenschaft sind Hüte, aber auch Cocktailkleider aus den 1920er-Jahren und Plateauschuhe aus den 1970er-Jahren stehen zum Verkauf.

175 **LOOK 50**

Rue de la Paix 10
Ixelles ⑤
+32 (0)2 512 24 18

Eine kaputte Jukebox steht am Eingang dieses Secondhandladens in der belebten Rue de la Paix. Hier gibt es Sommerkleider, Schuhe und Sonnenbrillen, die zuletzt vermutlich an einem Sommertag vor ca. dreißig Jahren getragen wurden, sowie schrullige Lampen aus den 1960er-Jahren, die bis vor Kurzem wohl noch auf einem belgischen Dachboden Staub gesammelt haben.

*Die 5*

# UNGEWÖHNLICHSTEN LÄDEN

176 **DEMEULDRE**
Chaussée
de Wavre 141-143
Ixelles ⑤
+32 (0)2 511 93 73
*demeuldre.com*

Dieses prächtige Porzellangeschäft liegt in einer ziemlich heruntergekommenen Straße von Ixelles. Treten Sie ein Stück zurück, um die 1905 entworfene, kunstvoll mit farbigen Fliesen und Jugendstilbuchstaben verzierte Fassade zu bewundern. Hier hat sich ein Jahrhundert lang fast nichts verändert. Eines der schönsten Ladeninterieurs der Stadt mit einem riesigen Angebot an Küchengeräten, Geschirr und Porzellan.

177 **LEOPOLD CAFÉ PRESSE**
Avenue de Tervuren 107
Etterbeek
+32 (0)2 736 22 98

Coole und kreative Ladenkombination aus Café, Imbiss, Buchhandlung und Lebensmittelladen, die von den gleichen Leuten wie *Cook & Book* betrieben wird. Gemütliche zusammengewürfelte Inneneinrichtung aus Sofas, alten Stühlen und Barhockern. Kinderecke mit Zeichentrickfilmen und Internetzugang via Tablet. Super, um sich mit Freunden zu treffen, aber nicht der richtige Ort für einen Businesslunch.

## 178 STEF ANTIEK

Place de la Chapelle 6
Marolles ③
+32 (0)494 10 05 89
*stefantiek.com*

Jeder, der auf der Suche nach ungewöhnlichen Antiquitäten ist, sollte sich etwas Zeit nehmen und in Stef Antieks vollgestopftem Laden stöbern. Hier gibt es fast alles: von Engelskulpturen, die einst ein belgisches Schloss schmückten, bis hin zu einem echten Jahrmarktskarussell.

## 179 SENTEURS D'AILLEURS

Place Stéphanie 1A/3
Ixelles ⑤
+32 (0)2 511 69 69
*www.senteursdailleurs.com*

Als er seinen Job verlor, gründete Pierre Donie einen der schönsten Parfümerien Europas. In dem herrlichen Laden, der wie eine Bibliothek aussieht, werden exklusive Parfüms wie Penhaligon's und Maître Parfumier et Gantier vertrieben. Nebenan verkauft er Luxuskosmetik in einem klinisch-weißen Interieur.

## 180 GRANDE DROGUERIE LE LION

Rue de Laeken 55
Dansaert-Viertel ②
+32 (0)2 217 42 02
*droguerie-bruxelles.be*

Dieser Baumarkt mit der schönen Holzinnenausstattung aus dem 19. Jahrhundert ist bei den hiesigen Künstlern und Handwerkern beliebt. Hier bekommt man Einmachgläser, Pigmente, Holzlasuren und Pinsel, aber auch alltäglichere Haushaltswaren wie Mausefallen.

## *Die 5 schönsten*
# BUCHLÄDEN

181 **TROPISMES**
Galerie des Princes 11
Zentrum ①
+32 (0)2 512 88 52
*tropismes.com*

Diese wunderschöne Buchhandlung ist in den Räumlichkeiten eines ehemaligen Restaurants der 1847 eröffneten Galeries Royales Saint-Hubert untergebracht. Die prunkvoll verzierten Decken und hohen Spiegel sind erhalten geblieben und bilden beim Schmökern eine spektakuläre Kulisse. Die meisten Bücher sind auf Französisch, kleine Ecke mit englischsprachigen Büchern bei der Treppe.

182 **WATERSTONES BRUSSELS**
Boulevard Adolph Max 71-74
Zentrum ①
+32 (0)2 219 27 08

1921 als Filiale von WH Smith eröffnet und 1997 von Waterstones übernommen: Dicke Teppiche, fachkundiges Personal und ein beeindruckendes Sortiment an Büchern, Zeitschriften und Zeitungen sind die Markenzeichen dieser englischsprachigen Buchhandlung. Leider ist das Viertel nicht mehr ganz so chic wie anno 1921.

185 **PASSA PORTA**

ARNON GRUNBER
for Chefs
INDIA
McGEE
GOED KOKEN
Het Grote Kabouter Wesley Boek
PHILIPPE GELUCK
LE CHAT, ACTE XVI

183 **LIBREBOOK**

Chaussée de Wavre 128
Europa-Viertel ④
+32 (0)2 808 74 40
*librebook.eu*

Diese unkonventionelle Eckbuchhandlung führt Bücher in 30 europäischen Sprachen. Ein etwas chaotischer Ort, der mit den aussortierten alten Büromöbeln aus der Nachbarschaft eingerichtet wurde. Parodi hat seinen Laden in ein lebendiges kulturelles Zentrum mit Lesungen, Buchvorstellungen und Jazz-Sessions verwandelt.

184 **PEINTURE FRAÎCHE**

Rue du Tabellion 10
Ixelles ⑤
+32 (0)2 537 11 05
*peinture-fraiche.be*

Die wunderbare, ruhige Kunstbuchhandlung liegt direkt neben einer Barockkirche. Die Regale sind voller Prachtbände über Kunst, Architektur und Mode, viele davon in Englisch. Die Studenten der Kunst- und Designschulen können sich hier ihre Lehrbücher zu einem reduzierten Preis holen. Internationale Kunstzeitschriften.

185 **PASSA PORTA**

Rue Antoine Dansaert 46
Dansaert-Viertel ②
+32 (0)2 502 94 60
*passaporta.be*

Von der Rue Antoine Dansaert, der Straße der Mode, führt ein schmaler Weg zum internationalen Literaturhaus Passa Porta. Die angeschlossene kleine Buchhandlung bietet eine inspirierende Auswahl an Weltliteratur und regelmäßige Lesungen. In der ums Eck gelegenen Autorenwohnung residieren Schriftsteller aus aller Welt.

# 5

# UNABHÄNGIGE PLATTENLÄDEN

186 **ARLEQUIN**
Rue du Chêne 7
Zentrum ①
+32 (0)2 514 54 28
*arlequin.net*

Dieser Zufluchtsort für Retro-Musik unweit des Manneken Pis befördert Sie zurück in das Goldene Zeitalter der Schallplatten in kunstvoll gestalteten Hüllen. Die Eigentümer haben ein abwechslungsreiches Sortiment zusammengetragen: Rock aus den 1960er-Jahren, melancholische Chansons, Filmmusik, Disco, Elektro, Indie-Rock und Raritäten, die Sie sonst nirgendwo finden. Eine zweite Filiale in Saint-Gilles hat ihren Schwerpunkt auf Reggae, Klassik und Weltmusik.

187 **CHEZ PIAS**
Rue Saint-Laurent 36-38
Zentrum ①
+32 (0)2 558 58 11
*chezpias.com*

Belgiens größte Plattenfirma, Pias, unterstützt eine lange Liste von Musikern, darunter Nick Cave und Moby. In ihrem Hauptfirmensitz, dem markanten Art-déco-Gebäude der einstigen sozialistischen Zeitung *Le Peuple*, betreiben sie einen kleinen unabhängigen Plattenladen. Gelegentlich Konzerte und Release-Partys neuer Alben im Keller.

188 **VEALS & GEEKS**

Rue des Grands Carmes 8a
Zentrum ①
+32 (0)2 511 40 14
*vealsandgeeks.com*

Sind Sie auf der Suche nach klassischen französischen Chansons oder nach dem ultimativen Fachbuch zum italienischen Prog? Dann sind Sie hier genau richtig! In diesem eklektischen Secondhandladen finden Sie alles von Jeff Potters *Cooking for Geeks* über LPs aus den Achtzigerjahren bis hin zu Videospielen.

189 **DOCTOR VINYL**

Rue de la Grande Île 1
Dansaert-Viertel ②
+32 (0)2 512 73 44
*doctorvinylrecords.be*

Ein kleiner Laden mit sorgfältig ausgewähltem Sortiment im coolen Saint-Géry-Viertel; hier suchen die lokalen DJs und Vinyl-Junkies nach seltenen Schätzen.

190 **CAROLINE MUSIC**

Boulevard Anspach 101
Zentrum ①
+32 (0)2 502 10 83
*carolinemusic-bxl.be*

Musikfans waren überglücklich, als dieser Plattenladen 2013 gegenüber der Konzerthalle Ancienne Belgique wiedereröffnete. Caroline ist zurück und verkauft neben raren Pop-, Indie- und Electro-LPs auch französische Chansons. Hier gibt es außerdem Tickets für Konzerte und Festivals in ganz Belgien zu kaufen.

## Die 5 besten Läden für UNGEWÖHNLICHE MITBRINGSEL

191 **ATELIER DE MOULAGE**
MUSÉE ART & HISTOIRE
Parc du Cinquantenaire 10
Europa-Viertel ④
+32 (0)2 741 72 94
*artandhistory.museum*

Hier finden Sie ungewöhnliche Mitbringsel. Die Gusswerkstatt im hinteren Teil des Musée Art & Histoire wurde von Léopold II. gegründet, um Repliken antiker Skulpturen herzustellen. Die Sammlung der Gipsabgüsse reicht von großen Statuen bis hin zu winzigen Katzen aus ägyptischen Gräbern. Viele davon sind im Museumsladen erhältlich.

192 **BLENDER01**
Rue des Chartreux 18
Dansaert-Viertel ②⑤
+32 (0)2 503 61 83
*blender01.com*

Sympathischer kleiner Laden mit einem kunterbunten Angebot an Kleidung, Accessoires und Schnickschnack. Perfekt, wenn man eine coole Laptoptasche, eine bunte Tasse, eine Brieftasche mit New-York-Straßenkarten-Aufdruck oder ein witziges Set Salz- und Pfefferstreuer sucht. Die zweite Filiale Blender02 liegt in der Rue du Bailli 86 in Ixelles.

193 **VAN CLEVER**
Rue Haute 157
Marolles ③
+32 (0)2 331 43 37
*vanclever.be*

Die meisten Touristen verschicken keine Postkarten mehr, aber die Grafikerin Mariska Clerebout verkauft trotzdem unverdrossen ihre witzigen und originellen Karten. Dazu gibt es in dem hellen Laden im Nordic Style in den Marolles auch Originalgrafiken, historische Fotografien von Brüssel und so manches skurrile belgische Souvenir.

194 **L'INSTANT PRÉSENT**
Rue Blaes 136
Marolles ③
+32 (0)2 513 28 91
*nicolasspringael.be*

Nicolas Springael betreibt eine kleine Fotogalerie in den Marolles, in der er seine eigenen Arbeiten verkauft. Er hat sich auf stimmungsvolle Schwarz-Weiß-Fotografien von Brüsseler Wahrzeichen und Straßenszenen spezialisiert.
Seine erschwinglichen gerahmten Stadtansichten eignen sich hervorragend als Geschenk.

195 **BELGE UNE FOIS**
Rue Haute 89
Marolles ③
+32 (0)2 503 85 41
*belgeunefois.com*

Die Brüsseler Kreativen Natacha und Arthur führen einen charmanten Concept-Store in den Marolles, in dem sie pfiffige Objekte mit belgisch-sprachigen Prints zusammen mit Vintage-Möbeln verkaufen. Im Laden gibt es auch Brüsseler Bier, ausgefallene Postkarten, Kinderkleidung – und skurrile Objekte wie die alte Belgienkarte aus dem Schulunterricht, die Sie sich daheim an die Wand hängen können.

# 5 empfehlenswerte FAHRRADLÄDEN

196 **VELODROOM**
Rue Van Artevelde 41
Dansaert-Viertel ②
+32 (0)2 513 81 99
*velodroom.net*

Nettes Fahrradgeschäft in der Nähe des Place Saint-Géry. Die jungen flämischen Mitarbeiter kennen sich nicht nur gut aus, sondern können alles in sechs Sprachen erklären. Der Laden ist auf die soliden belgischen Stadträder, z. B. von Achielle spezialisiert, es gibt auch Falträder von Brompton sowie niedliche Holzlaufräder für Kinder.

197 **VELOFIXER**
Boulevard Anspach 157
Zentrum ①
+32 (0)2 319 02 20
*velofixer.com*

Amor Mistiaen fährt auch mal quer durch die ganze Stadt, um Ihr kaputtes Rad gegen eine kleine Gebühr zu reparieren. In seinem Laden im Zentrum verkauft er coole deutsche Fahrräder und Zubehör.

198 **GOOD BIKES**
Rue Américaine 167
Ixelles ⑤
+32 (0)2 721 42 61
*goodbikes.be*

Giovanni Franzi kennt alle aktuellen Trends, darunter Stadträder, Elektrofahrräder und Lastenfahrräder, die mehr als ein Kind transportieren können. In seinem schicken Fahrradladen gibt es außerdem stilvolles Zubehör. Reparaturwerkstatt hinten im Laden.

## 199 CYCLO

Rue de Flandre 85
Dansaert-Viertel ②
+32 (0)2 513 95 55
*cyclo.org*

Hier können Sie gute, gebrauchte Fahrräder kaufen und kleinere Reparaturen durchführen (lassen). Weitere Fahrradwerkstätten befinden sich an Bahnhöfen in der ganzen Stadt, darunter am Gare Centrale und am Gare du Luxembourg im Europa-Viertel. Reparaturkurse.

## 200 VÉLOCITÉ

Place Colignon 13-15
Schaerbeek ⑨
+32 (0)2 241 36 35
*www.velocite.sitew.be*

Dieses Fahrradgeschäft in zwei Eckhäusern gegenüber dem Schaerbeeker Rathaus hat Mountainbikes, Stadträder und einige Secondhandmodelle im Angebot. Mit Vermietung und Reparturwerkstatt.

196 VELODROOM

## Die 5 besten
# ZEITSCHRIFTENLÄDEN
## mit Sonntagsöffnung

201 **CANDIDE**
Place George
Brugmann 1-2
Ixelles ⑤
+32 (0)2 344 81 94
*librairie-candide.be*

Diese Buchhandlung am Place Brugmann wurde von den Brüsseler Architekten Lhoas & Lhoas in einen hellen modernen Raum verwandelt. Gut sortiertes Angebot an internationalen Zeitungen und Zeitschriften. Wenn Sie eine Zeitung geholt haben, setzen Sie sich ins Voltaire nebenan und bestellen sich ein *Petit déjeuner*.

202 **FILIGRANES**
Avenue des Arts 39-42
Europa-Viertel ④
+32 (0)2 511 90 15
*filigranes.be*

Diese riesige französischsprachige Buchhandlung verkauft in der Nähe des Eingangs internationale Zeitungen und Zeitschriften. Sonntags ist ab 10 Uhr geöffnet, im hellen Café im hinteren Bereich können Sie den Tag mit einem Kaffee und einem Croissant beginnen.

203 **BLEUS D'ENCRE**
Parvis Saint-Pierre 10
Uccle ⑤
+32 (0)2 343 69 01
*bleusdencre.be*

Diese Miniversion der Filigranes-Buchhandlung liegt an einem ruhigen Platz in der Nähe des Wolvendael-Parks. Neben Büchern, Tageszeitungen und internationalen Zeitschriften gibt es hier eine Kaffeebar, in der Sie sich mit Ihrer Zeitung niederlassen können.

## 204 LE PAIN QUOTIDIEN LEPOUTRE

Chaussée de Waterloo 515
Ixelles ⑤
+32 (0)2 343 33 59
*lepainquotidien.be*

Die geräumige Filiale der Café-Bäckerei Le Pain Quotidien an der Ecke der Avenue Lepoutre hat am Eingang einen gut sortierten Zeitungsstand. Hier können Sie eine große Auswahl an internationalen Zeitungen und Magazinen kaufen.

## 205 PRESS LINE SABLON

Rue des Sablons 17
Sablon ③
+32 (0)2 503 23 07

Hier finden Sie in den überdachten Regalen vor dem Eingang ein gutes Sortiment an internationalen Zeitungen sowie eine Reihe von Fachzeitschriften im Innenraum.

205 PRESS LINE SABLON

# *Die 5 tollsten*
# STRASSENMÄRKTE

206 **JEU DE BALLE**
Place du Jeu de Balle
Marolles ③

Jeden Tag ab 6 Uhr morgens kommen die Händler auf diesen Platz, um Kisten mit Büchern, dubiosen Ölgemälden, Art-déco-Lampen, Kisten voller Telefone und Stapel alter Schallplatten zu verkaufen. Manche Händler haben Klapptische, andere legen ihre Ware auf einem Teppich aus. Hier weiß man vorher nie, was man wohl finden mag: Vielleicht taucht an einem Tag ein ausgestopfter Bär auf oder ein schöner Kronleuchter. Die besten Sachen werden schnell von professionellen Händlern weggeschnappt, mittags ist fast nichts mehr dabei, was sich lohnt – außer Sie interessieren sich für kaputte Tonbandgeräte von 1962.

207 **CHÂTELAIN**
Place du Châtelain
Ixelles ⑤

Jeden Mittwoch findet auf dem mondänen Place du Châtelain einer der charmantesten Straßenmärkte der Stadt statt. Unter den Verkäufern gibt es einen begeisterten Pilzverkäufer, eine Französin, die genau den richtigen

206 **JEU DE BALLE**

Moment nennen kann, um einen bestimmten Käse zu servieren, und einen Konditor, der einmal Kuchen für Harrods gebacken hat. Das Besondere an diesem Markt ist seine entspannte Atmosphäre. Man plaudert miteinander und verweilt noch etwas in der Nachmittagssonne – ganz wie auf einem Dorfplatz in der Provence. Nach dem Markt gehen viele noch in eine der Weinbars in der Umgebung oder holen sich schnell ein Stück Pizza bei Mamma Roma.

208 **PLACE DES CHASSEURS ARDENNAIS**

Place des Chasseurs Ardennais
Europa-Viertel ④
Freitags 13 bis 19.30 Uhr

Dieser Lebensmittelmarkt ist freitagnachmittags ein beliebtes Ziel der EU-Mitarbeiter. Sie können Käse und Gemüse vom Biobauern oder einfach ein Glas Weißwein in einer der Bars rund um den Platz trinken.

209 **FLAGEY**

Place Flagey
Ixelles ⑤

Viele Anwohner rund um die Ixelles-Weiher zieht es sonntagsmorgens auf den Markt am Place Flagey. Dort gibt es das Übliche: Gemüsestände, billige Kleidung, einen Grillhähnchen-Verkauf. Etwas ungewöhnlicher sind dagegen die Verkaufsstände mit Pflanzen, wo die Ixeller etwas Hübsches für den Hinterhof holen – und die Champagner-Bar.

210 **BOITSFORT**

Place Wiener
Boitsfort

Dieser Sonntagsmarkt hat das Flair einer französischen Kleinstadt, die Stände drängen sich in den engen Gassen rund um das Jugendstil-Rathaus. Alle kaufen ganz entspannt ein: etwas zum Mittagessen, einen Blumenstrauß oder 100 Gramm griechische Oliven.

# Die 5 schönsten
# BLUMENLÄDEN

## 211 DANIEL OST

Rue Royale 13
Zentrum ①
+32 (0)2 217 29 17
*danielost.be*

Daniel Osts vergängliche Blumenkreationen haben ihm viele Fans in Japan beschert. Sein Blumenladen in der Rue Royale liegt hinter einer extravaganten Jugendstilfassade von Paul Hankar aus dem Jahr 1896: Der perfekte Rahmen für Daniel Osts einzigartige Mischung aus westlichen und japanischen Ideen.

## 212 THIERRY BOUTEMY

Rue Vanderkindere 375
Uccle ⑤
+32 (0)2 649 39 49
*thierryboutemy.com*

Der französische Florist Thierry Boutemy kreierte die barocken Bouquets für Sophia Coppolas Film *Marie Antoinette*. Derzeit betreibt er einen schlichten Laden mit einem einfachen, rustikalen Interieur, das übersät ist mit Rosen in Glasgefäßen und Farnen in Terrakottatöpfen.

## 213 LES FLEURS DU CHÂTELAIN

Rue Armand Campenhout 3
Ixelles ⑤
+32 (0)2 537 13 69

In diesem freundlichen Eckladen regiert das grüne Chaos, die Pflanzen und Blumen füllen das Innere und verbreiten sich bis nach draußen auf den Bürgersteig. Es gibt elegante Orchideen, bunte Tulpen, winterfeste Kamelien für den Garten und herrliche Sträuße zum Verschenken.

214 **BRUT**

Rue Haute 202
Marolles ③
+32 (0)2 275 39 58
*brutbrussels.com*

Vier einheimische Kreative haben 2015 diesen fabelhaften Pflanzenladen in den Marolles eröffnet. Hier gibt es alles, um die Stadtwohnung zu begrünen: seltene Kakteen, historische Farne und andere grüne Kuriositäten, außerdem Vintage-Möbel, Flaschenpflanzen und handgefertigte Makramee-Hängeampeln.

215 **AGAVE**

Rue de Dublin 15
Ixelles ⑤
+32 (0)486 49 17 70
*agave-boutique.be*

In dieser Stadtoase in wunderschönen Räumlichkeiten aus dem Jahr 1907 am Rand des Viertels St. Bonifatius werden stylische Topfpflanzen verkauft, mit denen Sie Ihren eigenen Stadtdschungel gestalten können, sowie Bücher und Gartengeräte. Sachkundige Beratung.

# 5 charmante
# PAPETERIEN

### 216 AVEC PLAIZIER

Rue des Eperonniers 50
Zentrum ①
+32 (0)2 513 47 30
*avecplaizier.be*

Dieser kleine Kunstladen bringt seit 1977 Postkarten, Plakate und Kalender heraus. Die Karten reichen von skurrilen Karikaturen des flämischen Illustrators Ever Meulen bis hin zu Fotografien moderner Brüsseler Gebäude.

### 217 MOFELITO PAPERITO

Rue des Eperonniers 19
Zentrum ①
+32 (0)485 18 23 39
*mofelitopaperito.com*

Dieser stylische Laden verkauft ungewöhnliche Luxus-Notizbücher, Schreibgeräte, Stadtführer und Karten. Die Besitzerin Sofie Rombouts ist immer auf der Jagd nach ganz besonderen Marken, darunter auch Karten der ungarischen Illustratorin Anna Kövecses und wunderbare Stadtpläne von Herb Lester.

### 218 TICKY TACKY

Rue des Renards 28
Marolles ③
+32 (0)2 502 88 61

Ein fabelhafter Laden im Herzen der Marolles – und eine wahre Fundgrube für seltsame Stücke. Die Besitzerin zog 2018 ein paar Häuser weiter, um mehr Platz für ihre unkonventionelle Auswahl an Postkarten, alten Heften, Spielzeugautos und japanischen Kunstbüchern zu haben.

## 219 LE TYPOGRAPHE

Rue Américaine 67
Ixelles ⑤
+32 (0)2 345 16 76
*typographe.be*

Eine traditionelle Druckerei nahe des Place du Châtelain, wo Sie Visitenkarten oder Hochzeitseinladungen drucken lassen können. Hervorragende Notizbücher und Schreibpapier.

## 220 MA MAISON DE PAPIER

Galerie de la rue de Ruysbroeck 6
Zentrum ③
+32 (0)2 512 22 49
*mamaisondepapier.be*

Riesiges Lager an Vintage-Postern zu jedem erdenklichen Thema. Die Besitzerin Marie-Laurence Bernard ist eine Expertin für Plakatgestaltung. Ihre Schubladen bergen grandiose Erinnerungsstücke wie ein altes Werbeplakat für Kopenhagen, in dem ein Polizist den Verkehr anhält, um ein paar Enten über die Straße zu lassen. Die Preise können überraschend hoch sein.

216 **AVEC PLAIZIER**

# 5 *stylische* DESIGNERLÄDEN

221 **LULU**
Rue du Page 101
Ixelles ⑤
+32 (0)2 537 25 03
*luluhomeinterior.be*

Eine schmale Gasse im riesigen Industriegebiet führt zu diesem innovativen Concept-Store. Der weitläufige Innenbereich ist mit neuen und Vintage-Möbeln skandinavischer und italienischer Designer ausgestattet. Sie können sich auf einen Kaffee oder ein Sandwich in das Café mit den unverputzten Ziegelwänden, alten Sesseln und der charmanten Deko setzen.

222 **BEL'ARTE**
Rue de Flandre 53
Dansaert-Viertel ②
+32 (0)492 76 22 74
*bel-arte.be*

Dieser winzige Laden im Zentrum ist ausschließlich den Werken belgischer Designer gewidmet. Hier finden Sie filigranen Schmuck von LoboGato, handgefertigte Lederbrieftaschen und Fotografien sowie atemberaubende Tapeten und Notizbücher von Tenue de Ville.

223 **L'ATELIER EN VILLE**

Rue Haute 64
Marolles ③
+32 (0)2 514 04 80
*atelierenville.com*

Das in einer ehemaligen Fabrik in den Marolles untergebrachte L'Atelier en Ville hat sich zu einer der coolsten Locations der Stadt gemausert. Die raue Industriehalle teilen sich ein riesiges Café mit langen Holztischen und eine Designermöbelwerkstatt, in der man maßgeschneiderte Tische bestellen kann. Eine Metalltreppe führt hinauf zu den Modeläden, in zwei kleine Räume mit unverputzten Ziegelwänden: *Garçon* für Männer und *Fille* für Frauen. Hinter dem Gebäude verbirgt sich ein Garten.

224 **CPHAGEN**

Rue Africaine 108
Saint-Gilles ⑥
+32 (0)2 850 76 69
*cphagen.com*

Der kleine Laden des Dänen Thomas Petersen ist ganz dem coolen skandinavischen Design gewidmet und das lockt die Designfans der ganzen Stadt hierher in die Nähe des Horta-Museums. Petersen verkauft wunderschöne Designobjekte wie den Klever-Lounge-Sessel, Enter-Rucksäcke aus Stockholm und dänisches Gourmet-Müsli. 2019 eröffnete er eine Filile in der Rue de Londres 19.

225 **DIITO**

Rue de l'Aurore 62
Ixelles ⑤
+32 (0)2 646 16 10
*diito.be*

Zwei junge Architekten und ein Innenarchitekt haben dieses unkonventionelle Design-Geschäft gegründet. Das schöne Stadthaus ist gefüllt mit Möbeln junger Designer, etablierten skandinavischen Marken und Vintage-Stücken. Kürzlich ist ein Ausstellungsraum in der Rue des Chartreux 19 dazugekommen.

HOTEL HANNON

# 25 BEEINDRUCKENDE BAUWERKE

## *Die 5 bemerkenswertesten* JUGENDSTILHÄUSER

226 **MAISON HANKAR**
Rue Defacqz 71
Saint-Gilles ⑥

Das 1893 vom Architekten Paul Hankar erbaute Maison Hankar ist eines der Gebäude, die die Jugendstilbewegung einleiteten. Über 1000 Jugendstilbauten – von Wohn- bis hin zu Kaufhäusern – wurden zwischen 1893 und 1913 in Brüssel errichtet, rund die Hälfte ist mittlerweile wieder abgerissen.

227 **MAISON CIAMBERLANI**
Rue Defacqz 48
Saint-Gilles ⑥

Dieses herrliche, 2006 restaurierte Wohnhaus mit Atelier wurde 1897 von Paul Hankar für den Maler Albert Ciamberlani erbaut. Die Gemälde des Symbolisten sind im Rathaus von Saint-Gilles zu sehen.

228 **ATELIER STERNER**
Rue du Lac 6
Ixelles ⑤

Ernest Delune baute dieses markante Jugendstilhaus 1902 für Clas Gruner Sterner, einen auf Glasmalerei spezialisierten Wiener Kunsthandwerker. In seinem Atelier entwarf Sterner viele herrliche Jugendstilfenster für mehrere von Delunes Häusern in diesem Viertel. Und natürlich entwarf er die aparten Glasmalereien für sein eigenes Haus.

229 **MAISON DE SAINT-CYR**
Square Ambiorix 11
Europa-Viertel ④

1903 von Gustave Strauven erbautes schmales Haus mit einer kunstvoll verzierten Fassade aus Eisen und Glas.

230 **RUE VANDERSCHRICK**
Rue Vanderschrick 1–19
Saint-Gilles ⑥

Ernest Blérot entwarf von 1900 bis 1902 eine ganze Häuserzeile in einem dynamischen Jugendstil. Jedes Haus sieht anders aus. Erker, schmiedeeiserne Balkone und geschnitzte Holztüren sorgen für optische Spannung.

227 **MAISON CIAMBERLANI**

226 **MAISON HANKAR**

# *Die 5 beeindruckendsten*
# UNESCO-WELTERBESTÄTTEN

231 **GRAND-PLACE**
Grand-Place
Zentrum ①

Die Entscheidung der UNESCO, den Grand-Place in die Liste des Weltkulturerbes aufzunehmen, ist unumstritten. Neben dem gotischen Rathaus und des historistischen Maison du Roi gegenüber, stammt die geschlossene barocke Bebauung mit Zunfthäusern aus der Zeit des Wiederaufbaus nach 1695, als der Platz durch den Beschuss französischer Truppen fast vollständig zerstört worden war.

232 **PALAIS STOCLET**
Avenue de
Tervuren 279-281
Woluwe-Saint-Pierre ④

Hier können Sie nur die Fassade des 1905 vom österreichischen Architekten Josef Hoffman erbauten Hauses bewundern. In sein Inneres werden nur selten Besucher vorgelassen. 2009 wurde das Palais als »eines der vollendetsten Gebäude der Wiener Sezession« auf die Liste der UNESCO gesetzt. Das von dem Bankier und Kunstsammler Adolphe Stoclet in Auftrag gegebene Palais soll Werke der Wiener Künstler Koloman Moser und Gustav Klimt beherbergen.

## 233 HÔTEL TASSEL

Rue Paul-Emile Janson 6
Ixelles ⑤

Im Jahr 2000 hat die UNESCO zugestimmt, vier Brüsseler Wohnhäuser von Victor Horta als »herausragende Beispiele der Jugendstilarchitektur« in die Welterbeliste aufzunehmen. Ganz oben steht das Hôtel Tassel, der erste Jugendstilbau der Welt. Im Auftrag von Professor Emile Tassel errichtet, stand es 1893 am Beginn einer Bewegung, die sich in ganz Europa ausbreiten sollte.

## 234 HÔTEL SOLVAY

Avenue Louise 224
Ixelles ⑤
+32 (0)2 640 56 45
*www.hotelsolvay.be*

Victor Hortas Hôtel Solvay wurde zwischen 1894 und 1898 für einen der reichsten Industriellen des Landes erbaut. Im UNESCO-Bericht ist vermerkt, dass der Kauf durch das Modehaus Wittamer-De Camps das Haus 1957 vor dem Abriss gerettet hat. Das Hôtel ist gelegentlich für die Öffentlichkeit zugänglich. Ansonsten kann man Hortas Aufmerksamkeit für jedes noch so kleine Detail, einschließlich der geschnitzten Hausnummer und der Bronzeklingel, von der Straße aus bewundern.

## 235 HÔTEL VAN EETVELDE

Avenue Palmerston 4
Europa-Viertel ④

Das innovative Hôtel van Eetvelde wurde von 1895 bis 1901 von Horta als privates Wohnhaus errichtet, heute ist es in Besitz des belgischen Gasverbandes. Obwohl es laut UNESCO einige »unglückliche Veränderungen« gab, bleibt es eines der Meisterwerke Hortas.

# Die 5 schönsten öffentlich zugänglichen JUGENDSTILBAUTEN

236 **HORTA-MUSEUM**
Rue Américaine 23-25
Saint-Gilles ⑥
+32 (0)2 543 04 90
*hortamuseum.be*

Das private Wohnhaus und Büro von Victor Horta in Saint-Gilles wurde 1961 in ein Museum umgewandelt und 2000 ebenfalls auf die UNESCO-Weltkulturerbeliste gesetzt.

237 **OLD ENGLAND**
Montagne de la Cour 2
Zentrum ①
+32 (0)2 545 01 30
*mim.be*

Dieses extravagante Jugendstil-Kaufhaus aus Glas und Schmiedeeisen wurde von Paul Saintenoy entworfen. Heute befindet sich in den Räumen ein Museum für Musikinstrumente.

238 **LA MAISON AUTRIQUE**
Chaussée de Haecht 266
Schaerbeek ⑨
+32 (0)2 215 66 00
*autrique.be*

Eines der beeindruckendsten Gebäude in Brüssel! La Maison Autrique wurde 1893 von Victor Horta erbaut und 2004 vom Comiczeichner François Schuiten restauriert. Schuiten fügte fantasievolle Details hinzu, die auf das Leben der einstigen Hausbewohner hinweisen. Einige davon sind allerdings völlig frei erfunden, wie der mit der imaginären Sammlung des exzentrischen Erfinders Axel Wappendorf vollgestopfte Dachboden.

237 OLD ENGLAND

239 MAISON CAUCHIE

239 **MAISON CAUCHIE**

Rue des Francs 5
Etterbeek ④
+32 (0)2 733 86 84
*cauchie.be*

Das bemerkenswerte Jugendstilhaus wurde 1904 vom Architekten und Sgraffitomaler Paul Cauchie errichtet. Die zarten Sgraffito-Malereien an der Fassade sollten gleichzeitig Cauchies Fähigkeiten als Dekorateur bewerben. An jedem ersten Wochenende im Monat (und nach Vereinbarung) öffentlich zugänglich.

240 **COMIC-MUSEUM**

Rue des Sables 20
Zentrum ①
+32 (0)2 219 19 80
*cbbd.be*

Im 1905 von Victor Horta erbauten Kaufhaus »Magasin Waucquez« ist seit 1989 das Comic-Museum untergebracht. Eine kleine Ausstellung im Erdgeschoss ist den vielen abgerissenen Horta-Bauten gewidmet.

240 COMIC-MUSEUM

# Die 5 sehenswertesten EINKAUFSPASSAGEN

241 **LES GALERIES ROYALE SAINT-HUBERT**
Rue du Marché aux Herbes
Zentrum ①
*grsh.be*

Die Eröffnung der wunderschönen Galeries Saint-Hubert 1847 war eine Sensation! Die Einkaufspassage vereinte Geschäfte, Theater, Restaurants, Cafés und Wohnungen unter einem Dach. Noch heute ist sie mit den vielen Fachgeschäften, die deutsches Besteck, italienische Handschuhe und belgische Pralinen anbieten, ein reizvolles Einkaufsziel.

242 **GALERIE BORTIER**
Rue de la Madeleine 55
Zentrum ①

Die romantische kleine Galerie Bortier war nie so ein Publikumsmagnet wie die ein Jahr früher eröffnete Galerie Saint-Hubert. Unter dem schlichten Glasdach und den holzvertäfelten Wänden, die mit Neorenaissance-Schnitzereien verziert sind, reihen sich Antiquariate und Geschäfte mit Druckgrafik.

243 **PASSAGE DU NORD**
Rue Neuve
Zentrum ①

Die 1881/82 im klassizistischen Stil errichtete hohe Einkaufspassage ist mit Karyatiden aus Eisen dekoriert. Zu den dort ansässigen Läden gehören eine winzige Austernbar und ein Besteckladen.

245 **GALERIE RAVENSTEIN**

## 244 GALERIE DE LA PORTE DE NAMUR

Porte de Namur
Ixelles ⑤

Diese moderne Einkaufspassage neben der Metrostation Porte de Namur führt in das Matongé-Viertel. Die Galerie beherbergt viele exotische Geschäfte, in denen farbenfrohe afrikanische Stoffe verkauft werden oder sich Frauen Zöpfe flechten lassen, ferner Discount-Speditionsfirmen und afrikanische Musikläden.

## 245 GALERIE RAVENSTEIN

Rue Ravenstein
Zentrum ①

Die beeindruckende Galerie Ravenstein aus den 1950er-Jahren verbindet den Hauptbahnhof mit dem Palais des Beaux-Arts (Bozar). Eine Zeit lang war das hier eine düstere, von zwielichtigen Bars gesäumte Passage, mittlerweile sind unter anderem Buchhandlungen, eine Filiale der Restaurantkette Exki und ein Architekturbüro eingezogen.

# 5
# KURIOSE GEBÄUDE

246 **ATOMIUM**
Place de l'Atomium 1
Heysel
+32 (0)2 475 47 75
*atomium.be*

Eines der bizzarsten Bauwerke der Welt: Das Atomium – die Darstellung von 165 Milliarden Mal vergrößerten 9 Atomen eines Eisen-Kristallmodells – wurde für die Expo 58 als Symbol des Atomzeitalters entworfen. Nachts leuchten Tausende winzige Lichter auf den Kugeln Tickets am besten online besorgen!

247 **LA BELLONE (MAISON DU SPECTACLE)**
Rue de Flandre 46
Dansaert-Viertel ②
+32 (0)2 513 33 33
*www.bellone.be*

Ein surrealer Anblick und gleichzeitig eines der am besten gehüteten Geheimnisse Brüssels. Versteckt in einem Hof und von einem Glasdach geschützt steht ein perfekt erhaltenes Stadthaus aus dem 17. Jh. Im La Bellone sind Kultureinrichtungen untergebracht, außerdem ist es Veranstaltungsort für Tanz und Theater

248 **GARE DE LA CHAPELLE**
Rue des Ursulines 25
Marolles ③
*recyclart.be*

Der Gare de la Chapelle wirkt fast wie ein Geisterbahnhof – bis auf wenige Nahverkehrszüge fahren alle Züge durch. Jetzt ist das alternative Kunstzentrum »Recyclart« eingezogen und jede verfügbare Wand mit Graffitis verziert.

## 249 CHALET NORVÉGIEN

Rue Brederode 10
Louisen-Viertel ⑤

Das seltsame Holzgebäude in der Rue Brederode 10 ist eines der bestgehüteten Geheimnisse der Stadt. Es wurde 1906 von Ivar A. Knudsen für König Leopold II. gebaut und ist dem norwegischen Pavillon nachempfunden, den Leopold auf der Pariser Weltausstellung 1900 bewundert hatte. Eine Zeit lang regierte der König seine riesige afrikanische Kolonie von einem kleinen Büro in diesem exzentrischen Refugium aus. Der einzige Hinweis auf die Funktion dieses Gebäudes sind die an der Fassade angebrachten fünf Sterne des Freistaates Kongo.

## 250 PALAIS DE JUSTICE

Place Poelaert
Sablon ③

Joseph Poelaert entwarf Ende des 19. Jahrhunderts den riesigen Justizpalast in einer eklektischen Mischung verschiedenster Architekturstile. Das Gebäude ist ein endloses Labyrinth von Treppen, Korridoren und Gerichtssälen, und die belgische Regierung versucht seit Langem herauszufinden, was sie mit diesem maroden Ungetüm anfangen soll.

248 **GARE DE LA CHAPELLE**

# 80 ORTE, WO SIE EIN ETWAS ANDERES BRÜSSEL ENTDECKEN

# 5
# ÜBERRASCHENDE AUSBLICKE

## 251 BLICK AUF DAS EUROPA-VIERTEL

Square Marie-Louise
Europa-Viertel ④

Vom Teich auf dem Square Marie-Louise haben Sie einen beeindruckenden Blick auf das Europa-Viertel. Wenn Sie sich vor das Denkmal von General Bernheim auf der Nordseite des Platzes stellen, sehen Sie am Ufer die verwinkelten belgischen Stadthäuser des 19. Jahrhunderts, dahinter erheben sich die Gebäude der Europäischen Kommission. Das Berlaymont-Gebäude geht von hier aus gesehen fast nahtlos in das Charlemagne-Hochhaus über.

## 252 KÖNIGLICHE BIBLIOTHEK BELGIENS

Mont des Arts
Zentrum ①
*kbr.be*

Einer der geheimsten Orte der Stadt: Nehmen Sie in der Nationalbibliothek den Aufzug in den 5. Stock und folgen dann den Schildern zur Cafeteria. Hier können Sie zum Kaffee einen der schönsten Ausblicke auf die Stadt genießen. Geöffnet Montag bis Freitag von 9 bis 15.30 Uhr.

253 **PARC TOUR & TAXIS**

Pont du Jubilé
Sainctelette ⑧
Metro: Pannenhuis

Von der Brücke Pont du Jubilé hat man einen unglaublich schönen Panoramablick auf die moderne Brüsseler Skyline. Die breite Jugendstilbrücke von 1904 führt über den neu angelegten Park beim ehemaligen Industriegelände Tour & Taxis. Von hier aus schaut man auf den halbwilden Stadtpark, das verlassene Bahnhofsgelände, die riesigen Zolllager, die in Büros umgewandelt wurden, und atemberaubend moderne Gebäude.

254 **SUPER BOWLING CROSLY**

Boulevard de l'Empereur 36
Zentrum ③
+32 (0)2 512 08 74
*crosly.be*

Super Bowling Crosly sieht eher nach Tankstelle als nach Bowlingbahn aus und wirkt so nah an der mittelalterlichen Stadtmauer seltsam deplatziert. Auf der Dachterrasse können Sie bei einer Tasse Kaffee den überraschend schönen Ausblick auf die Stadt genießen.

255 **CINQUANTENAIRE ARCH**

MUSÉE ROYAL DE L'ARMÉE ET D'HISTOIRE MILITAIRE
Parc du Cinquantenaire 3
Europa-Viertel ④
+32 (0)2 737 78 11
*klm-mra.be*

Auf den 1905 erbauten Triumphbogen gelangen Sie, wenn Sie im Armeemuseum dem Schild »Arcades« zum Aufzug folgen. Oben angekommen, haben Sie einen Panoramablick auf das Europa-Viertel und die Avenue de Tervuren.

## *Die 5 besten Orte, um die* GESCHICHTE BRÜSSELS ZU VERSTEHEN

256 **HALLES SAINT-GÉRY**
Place Saint-Géry 1
Dansaert-Viertel ②
+32 (0)2 502 44 24
*sintgorikshallen.be*

Die Markthalle Saint-Géry steht an der Stelle einer Flussinsel, auf der die Stadt Brüssel gegründet wurde. Auf den Informationstafeln können Sie etwas zur Geschichte dieser ehemaligen Fleischhalle von 1882 erfahren. Der Obelisk wurde von einem außerhalb der Stadt gelegenen Kloster hierher gebracht.

257 **MUSÉE DE LA VILLE DE BRUXELLES**
Grand-Place
Zentrum ①
+32 (0)2 279 43 50
*brusselscitymuseum.brussels*

Das sehenswerte Brüsseler Stadtmuseum liegt in der neugotischen Maison du Roi von 1868. Zu den Ausstellungsstücken gehören zwei Stadt-Dioramen, Gemälde aus dem 15. Jh., Fotografien des mittlerweile verschwundenen Flusses Senne und die Originalfigur des Manneken Pis.

258 **PALAST COUDENBERG**
ZUGANG ÜBER DAS BELVUE MUSEUM
Place des Palais 7
Zentrum ①
+32 (0)2 500 45 54
*coudenberg.brussels*

An der Stelle des heutigen Place Royale stand einst der prächtige Palast Coudenberg, der 1731 abbrannte. Nur die Kellerräume und ein Stück mittelalterlicher Straße sind erhalten. Über das BELvue-Museum (Kauf der Eintrittskarte) gelangt man zu diesem unterirdischen Komplex.

## 259 STADTARCHIV BRÜSSEL

Rue des Tanneurs 65
Marolles ③
+32 (0)2 279 53 20
*archives.bruxelles.be*

Keiner verirrt sich jemals hierher! Die Brüsseler Stadtarchive sind in einem schönen alten Warenhaus für Stoffe in den Marolles untergebracht. Die Originalausstattung ist komplett erhalten – sogar der eiserne Aufzug. Das Museum organisiert Ausstellungen zur Geschichte Brüssels. Am Wochenende geschlossen.

## 260 PLACE DES MARTYRS

NAHE DER RUE NEUVE
Zentrum ①

Ein stiller Platz aus dem 18. Jahrhundert mit einem Denkmal und einer Krypta zu Ehren der 466 Rebellen, die bei der belgischen Revolution von 1830 starben. Rundum stehen Regierungsgebäude und ein Haus, dessen belgische Besitzerin sich weigert, die Fassade sanieren zu lassen.

259 **STADTARCHIV BRÜSSEL**

# *Die 5 eindrucksvollsten Reste der* STADTMAUER

261 **PORTE DE HAL**
Boulevard du Midi 142
Saint-Gilles ⑥

Das Stadttor ist alles, was von der zweiten Stadtmauer des 14. Jahrhunderts übrig geblieben ist. Die restliche Mauer wurde im 19. Jahrhundert abgetragen, um einen ringförmigen Boulevard (heute Stadtautobahn) anzulegen. Schöne Wendeltreppe zum Dach.

262 **TOUR NOIRE**
Place
Sainte-Catherine 29
Dansaert-Viertel ②

Dieses vergessene Relikt der ersten Stadtmauer wird auf drei Seiten von einem modernen Hotel umschlossen. Wie es dazu kam, ist typisch für Brüssel: Der Turm aus dem 12. Jahrhundert sollte abgerissen werden, aber eine lokale Bürgerinitiative überzeugte die Stadt, ihn zu erhalten. Die Bauherren mussten dann dieses robuste Symbol mittelalterlicher Widerstandskraft in ihre Baupläne integrieren.

263 **RADISSON BLU HOTEL**
Rue du Fossé
aux Loups 47
Zentrum ①

Ein rekonstruierter Teil der Stadtmauer aus dem 12. Jahrhundert verläuft durch das Atrium des Radisson Blu Hotels. Ein weiterer Abschnitt ist im Parkhaus rechts vom Hotel zu sehen.

264 **SUPER BOWLING CROSLY**
Boulevard de l'Empereur 36
Zentrum ③

Der Turm Anneessens mit einem kurzen Mauerabschnitt aus dem 12. Jahrhundert liegt neben einer Bowlingbahn und einer Tankstelle. Zwei dünne blaue Lichtstreifen im Pflaster markieren den Verlauf der ersten Stadtmauer.

265 **SINT-JORIS INSTITUUT**
Rue des Alexiens 16
Zentrum ①

Der längste Abschnitt der ersten Stadtmauer aus dem 12. Jahrhundert verläuft auf der Rückseite des Schulhofs von Sint-Joris. Die nach außen gewandte Seite der Stadtmauer ist vom Schulhof aus sichtbar, das Mauerinnere von der Rue du Chêne.

264 **SUPER BOWLING CROSLY**

265 **SINT-JORIS INSTITUUT**

## *Die 5 interessantesten*
# GEDENKTAFELN

266 **CHARLOTTE BRONTË**
Rue Baron Horta
Zentrum ①

Kaum jemand nimmt Notiz von der staubigen Gedenktafel an der Wand des Kulturzentrums Bozar: Hier stand einst das Pensionnat Heger, in der sich Charlotte Brontë und ihre Schwester Emily in den Jahren 1842/43 zum Sprachstudium aufhielten.

267 **ARTHUR RIMBAUD**
Rue des Brasseurs 1
Zentrum ①

Ein Geschäft für Spitze befindet sich an der Stelle des Hôtel à la Ville de Courtrai, in dem 1873 der Dichter Arthur Rimbaud wohnte. Die Tafel neben dem Eingang weist darauf hin, dass Rimbaud hier am 10. Juli 1873 von seinem Freund Paul Verlaine angeschossen und verletzt wurde.

268 **GIACOMO PUCCINI**
Avenue de la Couronne 1
Ixelles ⑤

Die Bronzetafel an einem Wohnhaus markiert den Standort der Klinik, in der am 29. November 1924 der italienische Komponist Giacomo Puccini starb. Er war nach Brüssel gereist, um sich gegen Kehlkopfkrebs behandeln zu lassen.

269 **KARL MARX**
Rue Jean d'Ardenne 50
Ixelles ⑤

Die vom örtlichen Geschichtsverein gestiftete Plakette erinnert daran, dass Karl Marx von 1846 bis 1848 in Ixelles wohnte. Hier begann er mit dem *Kommunistischen Manifest*.

270 **FELIX NUSSBAUM**
Rue Archimède 22
Europa-Viertel ④

Zwei Jahre lang versteckten sich der deutsch-jüdische Künstler Felix Nussbaum und seine Frau, die polnische Malerin Felka Platek, in einem kleinen Dachzimmer in der Rue Archimède 22 vor den Nazis, bis das Paar im Jahr 1944 deportiert und ermordet wurde. Stolpersteine erinnern an die beiden.

267 **ARTHUR RIMBAUD**

# *Die 5 letzten Spuren der* SENNE

271 **PLACE SAINT-GÉRY**
Place Saint-Géry 23
Dansaert-Viertel ②

Bis 1871 floss die Senne offen durch das Zentrum der Stadt. Mit der Abdeckung des Flusses versuchte man, die Ausbreitung der Cholera zu stoppen. In der Innenstadt ist vom Fluss fast nichts mehr zu sehen, aber in einem Hof neben den Halles Saint-Géry erinnert ein nachgebildetes Stück Sennekanal daran, wie es dort früher einmal aussah.

272 **RUE DE LA GRANDE ÎLE**
Rue de la Grande Île
Zentrum ①

Diese schmale Kopfsteinpflastergasse führte einmal zu einer großen Insel in der Senne, auf der eine Burg stand. Gegenüber der Kirche Notre Dame des Riches-Claires querte die Straße über die Brücke *Pont des Juifs* hinweg den Fluss. Heute stehen dort, wo einmal die Senne floss, zwei Stadthäuser aus dem 19. Jahrhundert: Die Cafés Lava und Floreo markieren den Verlauf der verschwundenen Wasserstraße.

273 **QUARTIER SAINT-JACQUES**
GEGENÜBER VON DER
Rue du Marché
au Charbon 91
Zentrum ①

Die kleine, aber engagierte Initiative »les Fous de la Senne« (die Senne-Verrückten) hat eine Kampagne zur Wiederbelebung des Flusses gestartet. Die Verrückten sind nicht so verrückt, dass sie nicht wissen, dass seine Wiederherstellung nicht möglich ist und versuchen deshalb, wenigstens im Kleinen auf den Fluss hinzuweisen, zum Beispiel mit dem Rinnsal, das neben der Église Saint-Jacques in einer Abwasserrinne am Straßenrand fließt.

274 **MUSÉE DES ÉGOUTS**
PAVILLON DE L'OCTROI
Porte d'Anderlecht
Zentrum ①
+32 (0)2 279 43 83
*sewermuseum.brussels*

Mit ihrer Abdeckung wurde die Senne Teil des städtischen Abwassersystems. Im Kanalisationsmuseum können Sie sich über den unterirdischen Fluss informieren: Eine Ausstellung zeigt die 350 Kilometer Tunnel, durch die das Abwasser der Stadt fließt. Wenn es nicht regnet, können Sie außerdem einen Abwassertunnel besichtigen, der dem Fluss Senne unter den Straßen der Stadt folgt (jeden 1. Samstag im Monat kostenlos).

275 **BRUNNEN ANSPACH**
Quai aux Briques
Dansaert-Viertel ②

Am Ende des Place Sainte-Catherine steht dieser prachtvolle, 1907 zum Gedenken an den Brüsseler Bürgermeister Jules Anspach errichtete Brunnen. In seiner Amtszeit wurde die Senne kanalisiert. Leicht übersieht man auf dem quadratischen Sockel das Marmorrelief einer Nackten als Allegorie der Senne in einem tunnelartigen Rahmen.

# Die 5 besten
# KLEINEN MUSEEN

276 **WIERTZ MUSEUM**
Rue Vautier 62
Ixelles ⑤
+32 (0)2 648 17 18
*fine-arts-museum.be*

Ein französisches Magazin setzte das Museum des romantischen Malers Antoine Wiertz völlig zu Recht auf seine Liste der schönsten Museen der Welt. Das einzige Problem sind die Öffnungszeiten, denn es ist weder am Wochenende noch mittags geöffnet: zum Verrücktwerden! Aber wenn Sie das richtige Zeitfenster erwischen, werden Sie sich in einem perfekt erhaltenen Künstlerwohnhaus mit Atelier und Garten aus dem 19. Jahrhundert wiederfinden. Wiertz malte riesige Historienschinken.

277 **MEUNIER MUSEUM**
Rue de l'Abbaye 59
Ixelles ⑤
+32 (0)2 648 44 49
*fine-arts-museum.be*

Klingeln und warten – irgendwann öffnet Ihnen jemand. Sehr gut möglich, dass Sie der einzige Besucher im einstigen Wohnhaus und Atelier von Constantin Meunier sind. Eine faszinierende, riesige Werkstatt voller Skulpturen von kräftigen Hafenarbeitern und Schnittern, dazu Skizzen von Eisenhütten, Zeichnungen von Zigarrenmädchen in Sevilla und Kisten voller alter Pinsel, die dem Künstler gehörten.

278 **ERASMUS-HAUS**

Rue de Formanoir 31
Anderlecht ⑦
+32 (0)2 521 13 83
*erasmushouse.museum*

Nehmen Sie die Metro nach Saint-Guidon, das Erasmus-Museum liegt in der Nähe der Kirche. Der Schriftsteller wohnte im Sommer 1521 kurze Zeit in diesem hellbraunen Backsteinhaus. Es ist heute mit Erinnerungsstücken an den niederländischen Gelehrten gefüllt, darunter Gemälde, Karikaturen und eine rekonstruierte Schreibstube. Der kleine Garten ist einer der romantischsten Orte der Stadt.

279 **CHARLIER MUSEUM**

Avenue des Arts 16
Europa-Viertel ④
+32 (0)2 217 81 61
*charliermuseum.be*

1890 entwarf Victor Horta dieses Haus für den Bildhauer Guillaume Charlier. Aber erwarten Sie kein Jugendstilmeisterwerk – Horta war ein noch junger und eher konventioneller Architekt. Ruhiges Museum mit interessanter Gemäldesammlung aus dem 19. Jahrhundert.

280 **MUSÉE DES ARBALÉTRIERS**

Impasse du Borgendael
Place Royale 7–9
Zentrum ①
+32 (0)2 217 81 61
*arbaletriers-saintgeorges.be*

Hinter einem Tor am Place Royale verbirgt sich einer der am wenigsten bekannten Orte der Stadt: das Museum der Gilde der Armbrustschützen. Die Gilde wurde 1380 zur Verteidigung der Stadt gegründet und hat derzeit ihren Sitz in den dunklen Gewölbekellern unter Saint-Jacques. Das Museum ist normalerweise donnerstagabends geöffnet, wenn die Mitglieder zum Training herkommen. Die Gewölbe sind mit einer reichen Sammlung aus der über 600-jährigen Geschichte gefüllt: alte Rüstungen, Armbrüste, Gemälde und Fotografien.

# 5
# VERBORGENE STRASSEN

281 **RUE ISABELLE**
UNTER DER PLACE ROYALE
Zentrum ①

Die mittelalterliche Rue Isabelle führte einst vom Place Royale zur Kathedrale, Ende des 18. Jahrhunderts wurde sie überbaut. Unterhalb des Place Royale hat sich ein kurzes Stück der gepflasterten Gasse erhalten und ist heute als Teil des Museums Palast Coudenberg zu besichtigen.

282 **CHEMIN DU CRABBEGAT**
ABZWEIGUNG DER AVENUE DE FRÉ
Uccle

Sobald Sie in Uccle in diese alte Kopfsteinpflastergasse einbiegen, scheint die Stadt auf einmal ganz weit weg. Der Hohlweg führt zum alten Gasthaus Le Cornet, bevor er zwischen steilen baumbestandenen Wällen verschwindet.

283 **PETITE RUE MALIBRAN**
Ixelles ⑤

Die ruhige Petite Rue Malibran – ursprünglich Rue des Pucelles – ist das letzte Überbleibsel eines Feldwegs aus dem 15. Jahrhundert. Diese fast ländliche Ecke von Ixelle hat sich seit dem 18. Jahrhundert kaum verändert: weiß getünchte, mit Glyzinien bedeckten Häusern, ein kleiner Park.

284 **RUE TERARKEN**
UNTER DER RUE RAVEN-STEIN 3
Zentrum ①

Ein Stück mittelalterlicher Kopfsteinpflastergasse verbindet das Palais des Beaux-Arts mit dem Hôtel Ravenstein aus dem 15. Jahrhundert. Am Ende der Straße markiert eine blaue Tafel den einstigen Standort des Pensionnat Héger, wo die Schriftstellerinnen Charlotte und Emily Brontë zwei Jahre verbrachten.

285 **RUE DE LA CIGOGNE**
ABZWEIGUNG DER RUE DE FLANDRE
Dansaert-Viertel ②

Diese sich dahinschlängelnde, mit holprigem Kopfsteinpflaster gedeckte Gasse im Stadtzentrum hat sich unberührt erhalten. Die Stufengiebelhäuser stammen aus dem 17. Jahrhundert.

285 RUE DE LA CIGOGNE

## *Die 5 sehenswertesten* FRIEDHÖFE

286 **FRIEDHOF DIEWEG**
Dieweg 95
Uccle

Ein schöner, aufgelassener Friedhof mit alten von Efeu umrankten alten Grabsteinen. Georges Remi – Hergé, Schöpfer von *Tim und Struppi* –, liegt hier unter einer schlichten Grabplatte begraben. Der Friedhof wird mit Absicht fast gänzlich unberührt gelassen, damit Flora und Fauna sich entfalten können. Im hinteren Bereich ist eine Ansammlung verlassen wirkender jüdischer Gräber zu finden.

287 **FRIEDHOF LAEKEN**
Parvis Notre-Dame
Laeken

Dieser Friedhof ist voll prächtiger Grabstätten der belgischen Gesellschaft des 19. Jahrhunderts gefüllt. Ehemalige Bürgermeister und Militärs besetzen die prominenten Plätze entlang der Hauptachsen, während Künstler und Musiker an den Nebenwegen ruhen. Das Atelier Salu am Eingang hat viele der Bronzefiguren von weinenden Mädchen und trauernden Frauen gegossen.

## 288 FRIEDHOF IXELLES

Chaussée de Boondael 428
Ixelles

Mit seinen Alleen, Verkehrskreiseln und emaillierten Straßenschildern wirkt der Friedhof von Ixelles wie eine kleine Stadt. Die prachtvollsten Gräber liegen an der Hauptallee, Künstler und Architekten sind an den weniger repräsentativen Orten begraben, darunter Victor Horta, Antoine Wiertz und Constantin Meunier. Halten Sie auch Ausschau nach dem außergewöhnlichen Grabstein des Surrealisten Marcel Broodthaers, einem Entwurf des Künstlers.

## 289 FRIEDHOF BRÜSSEL

Avenue du Cimetière de Bruxelles
Evere

Der größte Friedhof der Stadt liegt in den nordöstlichen, 30 Minuten mit dem Bus entfernten Außenbezirken. Auf breiten Alleen befinden sich die Grabstellen von Bürgermeistern und Generälen. Es gibt zahlreiche Kriegsgräber von Soldaten und ein beeindruckendes Denkmal für britische Soldaten, die 1815 bei der Schlacht von Waterloo gefallen sind.

## 290 ENCLOS DES FUSILLÉES

Rue Colonel Bourg
Schaerbeek

Dieser vergessene Ort liegt am Ende einer Kopfsteinpflastergasse unter einem riesigen Fernseh- und Rundfunkturm. Hier befindet sich der Schießstand, auf dem 1915 die britische Krankenschwester Edith Cavell hingerichtet wurde. Insgesamt 342 Betonkreuze gedenken der Opfer, die während des Ersten und Zweiten Weltkriegs hingerichtet wurden.

# *Die 5 tollsten Fahrten mit* TRAM UND BUS

291 **TRAM 44**

Eine der besten schönsten Straßenbahnstrecken der Welt! Die Tram 44 startet in der etwas düsteren Metrostation Montgomery, gelangt aber bald auf der Avenue de Tervuren an die Oberfläche. Sie rumpelt dann rechts am Palais Stoclet und links am Trambahnmuseum vorbei, bevor sie den Wald erreicht. Die Fahrt endet etwa 20 Minuten später in Tervuren an einer malerischen Trambahnhaltestelle aus dem 19. Jahrhundert.

292 **TRAM 92**

Die perfekte Sightseeingtour zum Preis einer Tramfahrkarte! Steigen Sie an der Haltestelle Botanique (Richtung Hermann Debroux) in die Tram ein und achten Sie auf den Parc de Bruxelles auf der linken Seite, den Place Royale rechts und, wenn die Straßenbahn Richtung Avenue Louise abbiegt, den Justizpalast. Steigen Sie am Bois de la Cambre aus, wenn Sie Lust auf einen Spaziergang im Park haben oder fahren Sie weiter nach Boitsfort.

## 293 TRAM 7

In der Tram 7 brechen Sie zu einer faszinierenden Fahrt entlang der von eklektischen Stadthäusern und modernistischen Wohnhäusern gesäumten Boulevards auf. Unterwegs können Sie einen Blick auf die alten Kasernen am Boulevard Général Jacques, den romantischen Parc Josaphat und das Einkaufszentrum Docks Bruxsel werfen. Achten Sie auch auf die Graffitis am Bahnhof De Wand und kurz vor der Endstation rechts auf das Atomium.

## 294 TRAM 81

Seit über 100 Jahren rumpelt die Tram 81 durch die Brüsseler Vororte. Zwar nicht die schnellste Art der Fortbewegung, doch die Strecke führt durch interessante Stadtviertel und verbindet zum Beispiel belebte Gegenden wie den Place Flagey und die Rue du Bailli. Steigen Sie am Gare du Midi zu und fahren dann bis nach Montgomery.

## 295 BUS 71

Nehmen Sie am Place de Brouckère einen Bus der Linie 71 und Sie werden eine faszinierende (wenn auch holprige) Fahrt erleben. Es geht vorbei an Hauptbahnhof und Königspalast, durch das Afrika-Viertel und weiter zum Place Flagey und den Weihern von Ixelles. Die exzentrische belgische Schriftstellerin Amélie Nothomb bezeichnet den Bus 71 als eine ihrer wichtigsten Inspirationsquellen.

# 5 *typische* VIERTEL

296 **PARVIS DE SAINT-GILLES**
Metro: Porte de Hal

Ein authentisches Viertel mit einem gut besuchten Wochenmarkt, einer Kirche, günstigen Tante-Emma-Läden und dem großartigen, malerisch baufälligen Kino Aegidius von 1905. Schauen Sie sich die verblichenen Jugendstilhäuser in der Rue Vanderschrick an und beschließen Sie Ihre Runde mit einem Kaffee in der Brasserie Verschueren oder La Maison du Peuple.

297 **SAINT-GÉRY**
Metro: Sainte-Catherine

Früher ein ruhiger, verlassener Platz mit einer baufälligen Markthalle aus dem 19. Jahrhundert. In den Neunzigern wurde das Viertel dann saniert, und heute ist es voll cooler Bars und kleiner asiatischer Restaurants.

298 **MATONGÉ**
Metro: Porte de Namur

Das nach einem Stadtteil von Kinshasa benannte Matongé-Viertel umfasst einige Häuserblocks bei der Porte de Namur in Ixelles. Im einst bürgerlichen Viertel gibt es heute kongolesische Friseure, Telefonläden und Bars, die im Sommer auch die Gehwege erobern.

299 **FLAGEY**
Bus 71 nach Flagey

Das pulsierende Kunstzentrum Flagey im einstigen Sitz des belgischen Rundfunks dominiert den Platz. Um den Place Flagey lebt eine große portugiesische Gemeinde, die nahe gelegene trubelige Rue Malibran ist marokkanisch. Mit seiner Mischung aus Künstlern, Ausländern und alteingesessenen Belgiern ist Flagey so multikulturell wie es nur geht.

300 **MAROLLES**
Metro: Porte de Hal

Das Arbeiterviertel wird nach und nach aufgewertet, trotzdem ist das Leben hier immer noch schwer. Es gibt schicke Antiquitätenläden und coole Cafés, aber auch ein Armenkrankenhaus und einen der letzten echten Flohmärkte Europas.

300 MAROLLES

## *Die 5 besten*
# VERBORGENEN PARKS

301 **PARC D'EGMONT**
Eingänge: Rue aux Laines/ Rue du Grand Cerf/ Boulevard de Waterloo
Sablon ③

Einer der schönsten Parks der Stadt – und vielen völlig unbekannt. Zu ihm gehören ein paar Bänke, ein Peter-Pan-Denkmal und eine ehemalige Orangerie, in der man nachmittags Tee trinken kann (La Fabrique en ville).

302 **PARC DE FOREST**
Avenue du Mont Kemmel
Saint-Gilles ⑥

Ein netter Park für einen Spaziergang am Sonntagmorgen, obwohl der Park ein wenig vernachlässigt wirkt. Rund um das steil abfallende Gelände lugen die malerischen Türmchen und Giebel der Jugendstilhäuser über die Bäume.

303 **PARC TENBOSCH**
Chaussée de Vleurgat
Square Henri Michaux
Ixelles ⑤

An diesem winzigen, hinter der indischen Botschaft versteckten Park in Ixelles ist man schnell vorbeigelaufen. Aber wenn man die kleine Gasse hinuntergeht, entdeckt man eine Wunderwelt aus grünen Wiesen und eindrucksvollen Bäumen, den Teich mit Schildkröten, einen Boule-Platz, einen Kinderspielplatz und den Sandspielplatz hinter einer dichten runden Hecke.

304 **PARC TOURNAY-SOLVAY**
**Chaussée de la Hulpe**
**Watermael-Boitsfort**

Der Industrielle Ernest Solvay baute 1878 hier sein Landhaus und ließ später diesen romantischen Landschaftspark am Waldrand anlegen. Die Villa am See ist heute eine verkohlte Ruine, aber der Rosengarten ein absoluter Geheimtipp.

305 **PARC FAIDER**
**Rue Faider 86**
**Ixelles ⑤**

Fast niemand kennt diesen versteckt inmitten eines Wohnblocks liegenden Park, der Zugang ist das Hoftor der Nr. 86. Die Anwohner kommen mit ihren Kindern hierher, lesen oder essen ein Sandwich. Eine der kleinen Freuden der Stadt.

301 PARC D'EGMONT

## *Die 5 nettesten*
# KLEINEN PLÄTZE

306 **PLACE DU JARDIN AUX FLEURS**
Tram: Bourse

Was gehört zu einem typischen Brüsseler Platz? Er sollte zumindest ein Café, ein paar Metallstühle auf dem Gehweg, einen Brunnen in der Mitte und ein alteingesessenes Restaurant geben. Dieser Platz hat all das. Und dazu noch einen Waschsalon. Perfekt.

307 **PLACE DE LA LIBERTÉ**
Metro: Madou

Auf diesem im 19. Jahrhundert angelegten, verschlafenen Platz befinden sich auf der einen Seite ein paar einfache Cafés und in der Mitte ein Denkmal mit einem der Gründerväter Belgiens. Am romantischsten ist es hier im Sommer, wenn die Cafés ihre Tische und Stühle unter den Bäumen aufstellen.

308 **PLACE DE L'EUROPE**
Metro: Gare Centrale

Der Architekt Peter Swinnen entwarf 2010 den neuen Platz vor dem Hauptbahnhof. Er sperrte den Verkehr aus, fügte ein geschwungenes Dach hinzu und schuf so eine ruhige Fußgängerzone, die die Menschen in der Hauptstadt der Europäischen Union willkommen heißt.

309 **PLACE SAINT-BONIFACE**
Metro: Porte de Namur

Die Gemeinde Ixelle hat diesen belebten kleinen Platz behutsam renoviert. Das Mauerwerk der 1849 eingeweihten, neugotischen Kirche Saint-Boniface strahlt wie neu, und die schönen Jugendstilhäuser von Ernest Blérot sind noch ein wenig attraktiver geworden. Die Restaurants und Cafés stellen im Sommer ihre Tische raus, und es wird so eng, dass sich die Autos gerade noch durchquetschen können.

310 **PLACE DE LONDRES**
Metro: Trône

Auf dem teils zur Fußgängerzone umgebauten Platz am Rande des Matongé stehen viele Cafétische unter den Bäumen. Angesagter Treffpunkt für Mitarbeiter des Europaviertels, denen der Place du Luxembourg zu voll ist.

# *Die 5 eigenartigsten städtischen* BESONDERHEITEN

311 **BERLINER MAUER**
PARC LÉOPOLD, EUROPÄISCHES PARLAMENT UND BERLAYMONT-GEBÄUDE
Europa-Viertel ④

Insgesamt drei Abschnitte der Berliner Mauer landeten in Brüssel. Ein Mauerstück steht seit 2009 im Léopold-Park, ein zweiter Abschnitt vor dem Besuchereingang des EU-Parlaments. Das dritte Stück, besprüht mit einem Porträt von John F. Kennedy, wurde am 9. November 2015 anlässlich des 25. Jahrestages des Falls der Berliner Mauer vor dem Berlaymont-Gebäude aufgestellt.

312 **AUFZÜGE IN MAROLLES**
Place Poelaert
Square Brueghel
Marolles ③

Zwei moderne Aufzüge bringen Sie in wenigen Sekunden von den Marolles nach oben zum Palais de Justice. Von da oben haben Sie vor allem nachts eine fantastische Aussicht. Die Aufzüge sind kostenlos.

313 **LATERNENMUSEUM**
Rue Emile Delva 75-97
Sainctelette ⑧

Eine kuriose Sammlung von 16 alten Brüsseler Laternenmasten steht vor einer Zeile typischer Brüsseler Stadthäuser. Zwei einheimische Künstler haben sie 2004 hier aufgestellt und das Laternenmuseum gründet.

## 314 STRASSENSCHILDER

Rue des Sables
Zentrum ①

Normalerweise sind die Straßenschilder in Brüssel französisch und niederländisch beschriftet, aber in einigen Straßen kommt noch der lokale Dialekt dazu. Und bei 30 Straßen in der Nähe des Grand-Place sind Comicfiguren mit dabei: So ist die Sandstraße (Rue des Sables/Zandstraat) auch die Schlumpfstraße (Rue Schtroumpf/Smurfstraat).

## 315 VOGEL-STRAUSS-SKULPTUREN

PARC LÉOPOLD
Europa-Viertel ④

Niemand kann sich so recht die 12 Strauß-Skulpturen erklären, die neben dem Gebäude des Europäischen Parlaments stehen. 7 haben den Kopf in den Sand gesteckt, die anderen 5 stehen. Die Strauße sollen an den ehemaligen 1850 bis 1877 auf dem Parkgelände bestehenden Zoo erinnern.

314 STRASSENSCHILDER

*Die 5 inspirierendsten*

# ORTE DER KULTUR

316 **LES BRIGITTINES**
Petite Rue
des Brigittines
Marolles ③
+32 (0)2 213 86 10
*brigittines.be*

In der Barockkapelle im Herzen der Marolles werden spannende zeitgenössische Tanzproduktionen inszeniert. Die nackten Ziegelmauern des Innenraums bilden einen eindrucksvollen Rahmen für die Performances. 2008 hat der italienische Architekt Andrea Bruno den modernen Anbau aus Cortenstahl und Glas hinzugefügt.

317 **KVS**
Rue de Laeken 146
Dansaert-Viertel ②
+32 (0)2 210 11 00
*kvs.be*

Die Königlich-Flämische Schaubühne ist das wichtigste flämischsprachige Theater der Stadt. Die Modernisierung des Neorenaissancegebäudes hat mit dem Auditorium einen eindrucksvollen neuen Aufführungsraum geschaffen, und die Bar im flämischen Neorenaissancestil ist nach wie vor einer der großartigsten Orte in Brüssel, um ein Bierchen zu trinken.

## 318 KAAITHEATER

Place Sainctelette 20
Sainctelette ⑧
+32 (0)2 201 59 59
*kaaitheater.be*

In dem Art-déco-Bau am Kanal, einem ehemaligen Revuetheater, werden einige der ausgefallensten Theater- und Tanzproduktionen Europas aufgeführt. Achten Sie besonders auf Vorstellungen von Rosas Tanzkompanie, Forced Entertainment und der Wooster Group.

## 319 MUNTPUNT

Place de la Monnaie 6
Zentrum ①
+32 (0)2 278 11 11
*muntpunt.be*

2013 wurde die von B-architecten sanierte Stadtbibliothek mit der inspirierenden neuen Inneneinrichtung auf sechs Etagen wieder eröffnet. Neben Büchern in 55 Sprachen bietet das Muntpunt auch Jazzkonzerte, Rap-Sessions, Dokumentarfilmvorführungen, Lesungen, Kochworkshops und Kinderprogramme an. Im Bibliothekscafé kann man es sich von 8 Uhr morgens bis Mitternacht mit Zeitung und Kaffee gemütlich machen.

## 320 VILLA EMPAIN

Avenue Franklin
Roosevelt 67
Ixelles ⑤
+32 (0)2 627 52 30
*villaempain.com*

Ein wahres Schmuckstück! 1930 hat der Bankierssohn Louis Empain die Art-déco-Villa beim Schweizer Architekten Michel Polak in Auftrag gegeben. Die von den Brüsseler Architekten Ma2 liebevoll restaurierte Villa wird von der Boghossian Foundation als Kulturzentrum geführt, das sich auf den Ost-West-Dialog konzentriert. Sie können Ausstellungen im schillernden Interieur der Swing-Ära besichtigen, im Garten neben dem Pool sitzen und in Empains kleinem Raucherzimmer Tee trinken.

## *Die 5 beeindruckendsten*
# ORTE IM EUROPA-VIERTEL

321 **HAUS DER EUROPÄISCHEN GESCHICHTE**
Rue Belliard 135
Europa-Viertel ④
+32 (0)2 283 12 20
*www.historia-europa.ep.eu*

Das höchst umstrittene Haus der europäischen Geschichte wurde 2017 in einer ehemaligen Zahnklinik am Rand des Parc Léopold eröffnet. Die innovative Präsentation mit Tablets und Texten in allen 24 EU-Sprachen versucht die Geschichte Europas anhand von Objekten und Dokumenten aus 300 europäischen Sammlungen darzustellen. Besonders interessant sind die Abschnitte zu den beiden Weltkriegen und die ausgestellten west- und osteuropäischen Konsumgüter aus der Zeit des Kalten Krieges. Der Eintritt ist frei, die Sicherheitskontrolle aber sehr streng.

322 **PARC LÉOPOLD**
Europa-Viertel ④

Dieser liebliche Park mit Hügeln und Seepromenade war im 16. Jh. ein Landgut und wurde – nach einem Zwischenspiel als Zoo von 1850 bis 1877 – Heimat verschiedener wissenschaftlicher Einrichtungen der Cité de la Science. Heute durchquert man ihn, wenn man schnell vom EU-Parlament zum Berlaymont-Gebäude gelangen will, oder macht es sich hier in der Sonne gemütlich.

323 **SQUARE AMBIORIX**
Europa-Viertel ④

Ein malerischer, im 19. Jahrhundert erbauter Platz am Rande des Europa-Viertels, auf dem betagte türkische Herren Karten spielen und Eurokraten ihre Sandwiches essen.

324 **EUROPA-GEBÄUDE**
Rue de la Loi 175
Europa-Viertel ④
+32 (0)2 281 59 20
*www.consilium.europa.eu*

Von Anwohnern gerne als »Ei im Käfig« betitelt. Der belgische Architekt Philippe Samyn entwarf dieses beeindruckende Gebäude mit ovalem Sitzungssaal, der von Wänden aus recycelten Fensterrahmen umschlossen wird, die aus Abrissbauten in ganz Europa zusammengetragen wurden, für EU-Gipfeltreffen. Online-Reservierung erforderlich.

325 **BERLAYMONT-TAFELN**
Rond-point Schuman
Europa-Viertel ④

Möchten Sie wissen, wie die Europäische Kommission im Berlaymont-Gebäude gelandet ist? Diese faszinierende Geschichte wird anhand einiger Informationstafeln erzählt, die an den Glaswänden auf der Südseite des Gebäudes angebracht sind.

## *Die 5*
# ANZÜGLICHSTEN ORTE

326 **HOTEL LE BERGER**
Rue du Berger 24
Ixelles ⑤
+32 (0)2 510 83 40
*lebergerhotel.be*

Das Le Berger diente seit 1933 als diskretes Rendezvous-Hotel, in dem man stundenweise Zimmer für ein ungestörtes Stelldichein mieten konnte. Zwei Aufzüge und Zugänge garantierten, dass sich die Gäste beim Kommen und Gehen nicht begegneten. Das Hotel schloss 2009, der Abriss schien gewiss – aber die neuen Betreiber, denen auch das angesagte The White Hotel gehört, haben es geschmackvoll restauriert und ihm dabei sein ursprüngliches Art-déco-Erscheinungsbild wiedergegeben.

327 **LES PASSIONS HUMAINES**
PARC DU CINQUANTENAIRE
Europa-Viertel ④
*www.kmkg-mrah.be/pavilion-human-passions*

Der klassizistische Pavillon in der Nordwestecke des Parc du Cinquantenaire wurde von Victor Horta als Ausstellungsgebäude für Jef Lambeaus riesiges Marmorrelief »Die menschlichen Leidenschaften« geschaffen. Dieses Werk schockierte die Brüsseler Bevölkerung so sehr, dass es weggeschlossen wurde. Im Sommer Führungen, Tickets beim Musée Art & Histoire.

328 **LADY PANAME**
Rue des Grands Carmes 5
Zentrum ①
+32 (0)2 514 30 35
*ladypaname.be*

Der kleine, im frechen Boudoir-Stil dekorierte Laden im Viertel Saint-Jacques verkauft sexy Dessous, erotische Romane und geschmackvolle Accessoires.

329 **ATTITUDE BRUSSELS GALLERY**
Rue Haute 123
Marolles ③
+32 (0)2 503 88 53
*attitudeartgallery.com*

Der anarchistische Comictexter und Filmemacher Jan Bucquoy treibt seit der Verfilmung von *La Vie Sexuelle des Belges* 1994 in Belgien sein Unwesen. In seiner Galerie in den Marolles verkauft er signierte Exemplare der Comic-Parodie *La vie sexuelle de Tintin*.

330 **AVENUE LOUISE-WANDBILD**
Avenue Louise 66
Louisen-Viertel ⑤

Die Anwohner waren geschockt, als 2013 über einem Modeladen das erotische Wandbild einer masturbierenden Frau auftauchte. Die wiederholten Aufforderungen, das Bild zu entfernen konnten ihm bislang nichts anhaben.

328 LADY PANAME

# 40 ORTE FÜR KULTURGENUSS

## Die 5 besten Orte für

# KLASSISCHE MUSIK

331 **MIM**
**Montagne de la Cour 2**
**Zentrum ①**
**+32 (0)2 545 01 30**
***mim.be***

In einem Raum im achten Stockwerk des Musikinstrumentenmuseums werden kleine Konzerte veranstaltet. Die halbkreisförmig angeordneten Zuschauersitze schaffen einen intimen Rahmen.

332 **CONSERVATOIRE**
**Rue de la Régence 30**
**Sablon ③**
**+32 (0)2 511 04 27**
***conservatoire.be***

In dem beeindruckenden klassizistischen Gebäude des 19. Jahrhunderts finden regelmäßig klassische Konzerte statt. Das Konservatorium strahlt mit seinen staubigen Korridoren und der abblätternden Wandfarbe eine verblichene Größe aus. Trotz des schäbigen Interieurs treten hier häufig berühmte internationale Musiker und Ensembles auf.

333 **ÉGLISE DES MINIMES**
**Rue des Minimes**
**Sablon ③**
***minimes.net***

Seit mehr als dreißig Jahren finden in der wunderschönen Barockkirche klassische Konzerte statt. Das Orchester hat sich auf Werke von Bach spezialisiert, einige der Musiker und Sänger sind Profis, andere begeisterte Amateure.

## 334 FLAGEY STUDIOS

**Place Sainte-Croix**
**Ixelles ⑤**
**+32 (0)2 641 10 20**
***flagey.be***

In den modernen Konzertsälen des Flagey-Gebäudes treten Musiker, Ensembles und ganze Orchester auf. Das Programm ist vielseitig und oft innovativ, die Akustik hervorragend.

## 335 ATELIER MARCEL HASTIR

**Rue du Commerce 51**
**Europa-Viertel ④**
***ateliermarcelhastir.eu***

Ein zauberhafter Ort: Das alte Stadthaus ist das einstige Zuhause und Atelier des Künstlers und Widerstandskämpfers Marcel Hastir und voller Gemälde und Andenken. Schon seit den Vierzigerjahren finden hier kulturelle Veranstaltungen statt. Seit dem Tod des Künstlers organisiert eine Stiftung Konzerte, Theater- und Filmvorführungen, Kurse und Vorträge. Ziemlich chaotisch, aber voller Brüsseler Charme!

# *Die 5 interessantesten* KUNSTGALERIEN

336 **WIELS**
**Avenue Van Volxem 354**
**Forest**
**+32 (0)2 340 00 53**
***wiels.org***

Dieses Zentrum für zeitgenössische Kunst ist in einem Gebäude der ehemaligen Brauerei Wielemans-Ceuppens untergebracht, ein seltenes Beispiel für die Industriearchitektur der Dreißigerjahre. Ausstellungen von zeitgenössischen Avangarde-Künstlern, schickes Café in der alten Brauereihalle, tolle Dachterrasse.

337 **GALERIE VALÉRIE BACH**
**Rue Veydt 15**
**Saint-Gilles ⑥**
**+32 (0)2 533 03 90**
***prvbgallery.com***

Der als La Patinoire Royale (Königliche Eislaufbahn) bekannte Eisen-Glas-Bau des 19. Jh. stand lange leer, bis Valérie Bach ihn zu einer der schönsten Galerien für zeitgenössische Kunst der Stadt machte. In den fantastischen Räumen werden Skulpturen und Gemälde ausgestellt.

338 **KUSSENEERS GALLERY**
**Rue de Menin 10**
**Molenbeek-Saint-Jean ②**
**+32 (0)475 65 11 09**
***kusseneers.com***

Die Galerie Kusseneers zog 2013 von Antwerpen nach Molenbeek in eine umgebaute Senffabrik. Paul und Suzy Kusseneers ziehen das ungeschönte Zentrum der behaglichen Brüsseler Oberstadt vor, um die Werke junger experimenteller Künstler zu präsentieren.

339 **ARGOS**
Rue du Chantier 13
Dansaert-Viertel ②
+32 (0)2 229 00 03
*argosarts.org*

In diesem nüchternen Industriekomplex am Kanal wird internationale Videokunst gezeigt. Der Betonbau ist in mehrere Räume unterteilt, darunter die sogenannte »Black Box«, ein kleiner Vorführraum,

340 **XAVIER HUFKENS**
Rue Saint-Georges 6
Ixelles ⑤
+32 (0)2 639 67 30
*xavierhufkens.com*

In dem vom Genter Büro Robbrecht en Daem architecten zu einer Galerie umgebauten Stadthaus in Ixelles bringt Xavier Hufkens international bekannte Künstler, darunter so renommierte Namen wie Antony Gormley nach Brüssel, stellt aber auch aufstrebende Talente aus.

336 **WIELS**

## 5 sehenswerte

# DENKMÄLER

341 **PRO PATRIA**
**Place des Martyrs**
**Zentrum ①**

Das Nationaldenkmal von 1838 mit der Allegorie Belgiens steht in der Mitte des ruhigen Märtyrerplatzes. Am Sockel stellen vier Reliefs Szenen aus der Belgischen Revolution von 1830 dar. In der Krypta unter dem Platz liegen über 400 Helden der Revolution begraben.

342 **DENKMAL FÜR DIE IM KRIEG GEFALLENEN SCHAUSTELLER**
**Square de l'Aviation**
**Zentrum ①**

Das anrührende Denkmal mit einem Pierrot, der Maske und Schwert in Händen hält, wurde 1924 zum Gedenken an 30 im Krieg gefallene Schausteller errichtet, nach dem Zweiten Weltkrieg wurden weitere 30 Namen hinzugefügt. Auf dem Boulevard findet im Sommer der Jahrmarkt Foire du Midi statt.

343 **GEBURT EINER NATION**
GEGENÜBER VON HAUS NR. 79
**Square Marie-Louise**
**Europa-Viertel ④**

Die sehnsüchtig verträumte Skulpturengruppe des belgischen Bildhauers Marius Vos erinnert an die Belgische Revolution von 1830. Die Allegorie »Geburt einer Nation« zeigt ein nacktes, kniendes Paar, das ein schlafendes Baby hält.

344 **WILHELM I. VON ORIANIEN-NASSAU**
**Place du Petit Sablon**
**Sablon ③**

In einer Nische im Park Petit Sablon steht die Figur Wilhelms I. von Oranien-Nassau. Wilhelm I. lebte viele Jahre am Brüsseler Hof, bevor er in den Norden floh, um die Revolte der Niederlande gegen Philip II. von Spanien anzuführen.

345 **DENKMAL FÜR DIE SOLDATENBRIEFTAUBEN**
**Quai au Bois à Brûler**
**Dansaert-Viertel ②**

Am Ende des Quai aux Briques erinnert ein Denkmal an die Brieftauben, die während des Ersten Weltkriegs getötet wurden. Eine etwas eigenartige, aber rührende Idee.

345 DENKMAL FÜR DIE SOLDATENBRIEFTAUBEN

## *Die 5 tollsten Gemälde in den*
# KÖNIGLICHEN MUSEEN DER SCHÖNEN KÜNSTE

Rue de la Régence 3
Zentrum ①
+32 (0)2 508 32 11

346 **PORTRÄT ANTON BASTARD VON BURGUND**
MUSÉE OLD MASTERS
*fine-arts-museum.be*

Der Brüsseler Stadtmaler Rogier van der Weyden porträtierte um 1460 den unehelichen Sohn von Philipp dem Guten, Herzog von Burgund. Der stolze Adlige ist ganz in Schwarz gekleidet, die rote Kappe verleiht dem Bild etwas Farbe. Van der Weyden konzentrierte sich ganz auf die Darstellung des stolzen Gesichtes.

347 **LANDSCHAFT MIT STURZ DES IKARUS**
MUSÉE OLD MASTERS
*fine-arts-museum.be*

Bei der eigenwilligen Darstellung Pieter Bruegels des Älteren ist Ikarus selbst kaum zu sehen: Er ist bereits vom Himmel gefallen, nur die Beine und eine Hand ragen rechts unten noch aus dem Wasser. W. H. Auden schreibt 1938 in seinem Gedicht *Musée des Beaux Arts* über das Gemälde: »Sieh, wie da alles sein' Gang geht, gemach – Katastrophen, wen kümmern die groß«.

348 **DER TOD DES MARAT**
MUSÉE OLD MASTERS
*fine-arts-museum.be*

Eines der berühmtesten Gemälde der Französischen Revolution versteckt sich im Untergeschoss des Museums. Jean-Louis David – der in Brüssel im Exil lebte – vollendete das Bild des sterbenden Jean Paul Marat, Publizist und Mitglied des Nationalkonvents, nur drei Monate nach dessen Ermordung in der Badewanne durch Charlotte Corday am 13. Juli 1793.

349 **PORTRÄT MARGUERITE KHNOPFF**
MUSÉE FIN-DE-SIÈCLE
*fin-de-siecle-museum.be*

Fernand Khnopffs Porträt seiner Schwester Marguerite von 1887 ist ein typisches Beispiel für den strengen belgischen Symbolismus Ende des 19. Jahrhunderts. Die Porträtierte erscheint rein und entrückt und wirkt dabei fast wie eine Skulptur.

350 **DAS REICH DER LICHTER**
MUSÉE MAGRITTE
*musee-magritte-museum.be*

René Magritte liebte dieses Motiv – und malte von 1949 bis 1964 nicht weniger als 27 verschiedene Versionen davon! Das Bild zeigt ein Haus, das nachts von einer einsamen Straßenlaterne beleuchtet wird. Aber der blaue Himmel mit den Schäfchenwolken darüber lässt vermuten, dass es Tag ist. Das Bild ist seltsam verstörend, wie alles, was Magritte produzierte, von Reklame bis zu seinen selbst gedrehten Filmen.

# 5

# KUNSTINSTALLATIONEN,

## *die Sie nicht verpassen sollten*

351 **THE WHIRLING EAR**
**Mont des Arts**
**Zentrum** ①

Alexander Calders Mobile *The Whirling Ear* stand zur Weltausstellung 1958 vor dem amerikanischen Pavillon. Dann verschwand es für ein paar Jahrzehnte in der Versenkung. Seit 2000 dreht sich das Ohr wieder in einem Wasserbecken in der Nähe des Königlichen Museums der Schönen Künste.

352 **BETONMISCHFAHRZEUG**
**Quai au Foin**
**Dansaert-Viertel** ②

Die gotischen Architekturformen an Wim Delvoyes in Originalgröße ausgeführter Skulptur eines Betonmischfahrzeugs erkennt man erst aus der Nähe. Es kostete eine Menge Überzeugungsarbeit, bevor die Anwohner des ruhigen Platzes hinter dem flämischen Theater KVS der Aufstellung des gezackten Stahlkunstwerks zustimmten.

353 **BLEUS SUR JAUNE**
**Place de la Justice**
**Zentrum** ③

Daniel Buren hat einen tristen Stadtplatz wiederbelebt: mit einem urbanen Wald aus 89 gelben Fahnenstangen und blauweiß gestreiften Fahnen.

354 **PESSOA-BÄNKE**
VOR DER SHELL-TANKSTELLE
**Place Eugène Flagey**
**Ixelles ⑤**

Die Malerin Antonieta Jorge schuf 2006 in Zusammenarbeit mit dem C.RAMIC Art Café zwei farbenfrohe geflieste Sitzbänke für das portugiesische Viertel. Die Bänke sind mit Ansichten von Lissabon, Porträts des melancholischen portugiesischen Schriftstellers Pessoa und Seiten seiner Werke verziert. In der Nähe an der Ecke Rue des Cygnes steht auch eine Bronzebüste Pessoas von 1989.

355 **LE ZINNEKE**
**Rue des Chatreux**
**Dansaert-Viertel ②**

Die Bronzeskulptur »Le Zinneke« von Tom Frantzen aus dem Jahr 1998 zeigt einen beinchenhebenden Straßenköter (flämisch *Zinneke*) – eine humorvolle Ergänzung zum berühmten Manneken Pis und ein perfektes Symbol für diese chaotische, aber charmante Stadt.

353 BLEUS SUR JAUNE

355 LE ZINNEKE

## 5 x *großartige*
# KUNST IN METROSTATIONEN

### 356 ALBERT

Der französische Künstler Jephan de Villiers hat die Premetrostation Albert in ein imaginäres archäologisches Museum verwandelt, das Relikte aus der erfundenen verlorenen Stadt Arbonie enthält. In einer Glasvitrine steht ein klobiger Holzwagen mit riesigem Stein darauf, in einer Grube liegen Hunderte ovale Objekte.

### 357 COMTE DE FLANDRE

Die 16 über den Gleisen schwebenden Figuren *16 x Ikarus* wurden 1981 von dem Antwerpener Künstler Paul van Hoeydonck geschaffen. 1971 wurde seine winzige Aluminiumfigur *Fallen Astronaut* von der Besatzung der Apollo 15 auf der Mondoberfläche deponiert – bis heute das einzige Kunstwerk auf dem Mond.

### 358 MAELBEEK

Der belgische Künstler Benoît hat mit schwarzen Strichen ernste Gesichter auf die weiß gefliesten Wände gezeichnet. 2016 kam ein Olivenbaum dazu, zum Gedenken an die hier bei einem Bombenattentat ermordeten 16 Menschen.

## 359 PORTE DE HAL

Alte Brüsseler Trambahnen ragen zwischen den Reliefs von Fantasiearchitektur aus den Mauern: François Schuiten schuf diese utopische Vision 1993 in Anlehnung an seinen Kult-Comic *Brüsel*.

## 360 SIMONIS

Die flämische Künstlerin Berlinde De Bruyckere – die für ihre eindringlichen Darstellungen von Leichen bekannt ist – hat hier eine weniger herausfordernde Ästhetik gewählt, um eine angenehme Atmosphäre zu schaffen: Was wie große Wandteppiche aussieht, besteht eigentlich aus farbigen Zementfliesen.

INFO
*stib-mivb.be*

Die Brüsseler Verkehrsbetriebe stib haben zur Kunst in der Metro ein Buch veröffentlicht. Auf der Website finden Sie Informationen zu den Künstlern und ihren Werken.

359 **PORTE DE HAL**

## *Die 5 besten Adressen mit*

# STREET-ART

361 **FARM PROD**
**Ecke Rue des Capucins und Rue des Tanneurs**
**Marolles ③**
***farmprod-collective.be***

Der Street-Artist Piotr Szlachta von Farm Prod hat 2019 eine eindrucksvolle Interpretation von Pieter Bruegels *Landschaft mit der Flucht nach Ägypten* geschaffen. Die Geschichte erhält mit den Verweisen auf die Flüchtlingspolitik eine moderne Wendung. Die Wandmalerei ist Teil eines Street-Art-Trails anlässlich des 450. Todestages von Pieter Bruegel.

362 **BONOM**
**Chaussée de Wavre 268**
**Ixelles ⑤**
***bonom.be***

Die geheimnisvollen Zeichnungen von Tierskeletten des Street-Artist Bonom tauchen überall in der Stadt auf. Manche sind innerhalb von Stunden verschwunden, andere bleiben. Seine außergewöhnlichste Arbeit sind mehrere Dinosaurierskelette an den Eingangsstufen zum Naturkundemuseum.

363 **JEF AÉROSOL**
**Rue du Chêne 7**
**Zentrum ①**
***jefaerosol.com***

Der französische Graffiti-Künstler Jef Aérosol hat die Fassade eines Plattenladens mit Porträts berühmter Sänger wie John Lennon and Bob Dylan in Stenciltechnik und seinem Markenzeichen, dem roten Pfeil, versehen.

364 **OAKOAK**

**Dansaert-Viertel ②**

*oakoak.fr*

Die 12 Arbeiten des französischen Street-Artist Oakoak im Saint-Catherine-Viertel fügen sich so gut in die Umgebung ein, dass die meisten sie gar nicht bemerken: ein Fischskelett gewordener Kanaldeckel vor der Rue de Flandre 54, die Dalton-Brüder hinter Gittern am Boulevard d'Ypres 15 und die Klaviertastatur auf den Stufen der Rue du Marché aux Porcs 23.

365 **PARCOUR ISAAC CORDAL**

**Impasse de la Fidélité/ Impasse de la Tête de Bœuf**

**Zentrum ①**

*parcoursstreetart.brussels*

Wenn Sie genau hinsehen, entdecken Sie vielleicht einen der 12 kleinen Miniaturmännchen aus Beton, die der spanische Street-Artist Isaac Cordal an ungewöhnlichen Stellen platziert hat: Ein Anzugträger balanciert auf einem Bogen beim Delirium Café, ein Nackter steht auf der Halterung einer Straßenlampe. Eine App bzw. die Homepage helfen beim Aufspüren.

362 **BONOM**

# 5 *fantastische Gelegenheiten, um* RENÉ MAGRITTE *zu entdecken*

366 **MAGRITTE-MUSEUM**
MUSÉES ROYAUX DES BEAUX-ARTS
**Place Royale 1**
**Zentrum ①**
**+32 (0)2 508 32 11**
***musee-magritte-museum.be***

Das Magritte-Museum in dem beeindruckenden klassizistischen Gebäude am Place Royale wurde 2009 eröffnet. Die faszinierende Sammlung umfasst neben Gemälden auch Fotografien, Amateurfilmaufnahmen und surrealistische Ephemera.

367 **RENÉ-MAGRITTE-MUSEUM**
**Rue Esseghem 35**
**Jette**
**+32 (0)2 428 26 26**
***magrittemuseum.be***

Nicht zu verwechseln mit dem Magritte-Museum! René und Georgette lebten von 1930 bis 1957 in dieser Wohnung in Jette, in deren Küche der große belgische Surrealist einige der verblüffendsten Bilder der Moderne schuf. Zwei Kunstliebhaber haben das Haus gekauft und in den Originalzustand zurückversetzt.

368 **TAVERNE GREENWICH**
**Rue des Chartreux 7**
**Dansaert-Viertel ②**
**+32 (0)2 540 88 78**
***greenwich-cafe.be***

Magritte liebte dieses alte Café, in dem sich die Nachbarschaft zum Schachspielen traf. 2011 begannen Robbrecht en Daem architecten mit der Sanierung dieses Jugendstilkleinods. Angeblich besaß es früher noch mehr Charme, aber die Räume sind nach wie vor wunderschön.

369 **LA FLEUR EN PAPIER DORÉ**

Rue des Alexiens 55
Zentrum ③
+32 (0)2 511 16 59
*lafleurenpapierdore.be*

Magritte soll in diesem alteingesessenen Künstlercafé sein erstes Gemälde an einen Stammgast verkauft haben. In den Räumen voll alter Möbel und vergilbter Bilder gibt es zwar keine Werke von Magritte, aber im Hinterzimmer hängt ein plakatgroßer Fotoabzug, der den Künstler mit anderen Stammgästen vor dem Café zeigt.

370 **FRIEDHOF SCHAERBEEK**

Avenue Jules Bordet
Schaerbeek

Magritte starb 1967 in seiner Wohnung in der Rue des Mimosas in Schaerbeek. Er ist auf dem dortigen Friedhof in Parzelle 16, Reihe 2, begraben. Seine Bewunderer schmücken das Grab hin und wieder mit seltsamen Objekten.

366 **MAGRITTE-MUSEUM**

371 **MUSEUM FÜR NATURWISSENSCHAFTEN**

# 20 DINGE, DIE MAN MIT KINDERN UNTERNEHMEN KANN

# 5 tolle Unternehmungen mit KLEINKINDERN

371 **MUSEUM FÜR NATURWISSENSCHAFTEN**
Rue Vautier 29
Ixelles ⑤
+32 (0)2 627 42 11
*naturalsciences.be*

Das perfekte Ausflugsziel an einem Regentag! Hauptattraktion ist die spektakuläre Dinosaurier-Galerie mit über 30 Skeletten aus einem belgischen Kohlebergwerk. Andere Bereiche stellen die Polarregionen und die Ökologie vor.

372 **LE PETIT TRAIN À VAPEUR DE FOREST**
Chaussée de Neerstalle 323b
Forest
+32 (0)2 376 69 96
*www.ptvf.fte2.org*

Nur wenige kennen diese putzige Miniatureisenbahn, die an Wochenenden von Ende April bis Anfang Oktober in Betrieb ist. Die Dampfzüge befördern Kinder und ihre Eltern in winzigen Waggons eine Runde durch den Park. Im kleinen Bahnhofsgebäude befinden sich ein Museum und ein Café.

373 **MINIGOLF JOSAPHAT**
Avenue Ambassador Van Vollenhoven
Schaerbeek ⑨
+32 (0)486 34 70 69
*www.schaerbeek.be*

Der allerschönste Minigolfplatz von Belgien liegt neben dem Parc Josaphat und wurde von dem belgischen Landschaftsarchitekten René Péchère entworfen. Mittwochs, an Wochenenden, Feiertagen und in den Schulferien geöffnet (bei Regen geschlossen). Mit Café.

## 374 C.RAMIC ART CAFÉ

Rue Lesbroussart 112
Ixelles ⑤
+32 (0)478 43 51 41
*cramic.be*

Einladende Keramikwerkstatt voller Eltern und lebhafter Kinder auf langen Holzbänken, die Tassen und Schüsseln bemalen. Perfekt für eine Geburtstagsfeier oder einen Regentag.

## 375 LE MUSÉE DU JOUET

Rue de l'Association 24
Saint-Josse ⑨
+32 (0)2 219 61 68
*www.museedujouet.eu*

Andréj, der Leiter des Spielzeugmuseums, kann nicht Nein sagen: Dauernd bekommt er alte Eisenbahnen, Spielzeugautos, ramponierte Puppen und jede Menge Teddybären geschenkt. André tut sein Bestes, um alles zu sortieren – eine unlösbare Aufgabe! Überall im weitläufigen Stadthaus liegen ungeöffnete Kisten und Puppen, die hier auf ihre Reparatur warten. Total chaotisch und unglaublich charmant.

371 MUSEUM FÜR NATURWISSENSCHAFTEN

## *Die 5 besten*
# EISDIELEN

376 **LE FRAMBOISIER DORÉ**
Rue du Bailli 35
Ixelles ⑤
+32 (0)2 647 51 44
*leframboisierdoré.be*

Innen haben Sie die Wahl zwischen einem langen Raum im Obergeschoss mit Blick auf den Garten oder dem kleinen grünen Hinterzimmer im Untergeschoss. Oder Sie holen sich schnell eine Kugel beim Straßenverkauf. Das hausgemachte Eis wird ohne Konservierungsstoffe und in ungewöhnlichen Geschmacksrichtungen, darunter Lavendel, *speculoos* (Spekulatius) und ein köstliches *caramel au beurre salé* (Salzkaramell), hergestellt.

377 **GLACIER ZIZI**
Rue de la Mutualité 57A
Uccle
+32 (0)2 344 70 81
*glacierzizi.be*

Diese beliebte Eisdiele wurde 1948 vom Italiener Izzi Gabrielle eröffnet. Aber begonnen hat alles mit einem Eiswagen, mit dem er durch Brüssel fuhr. Freche Kinder nannten ihn statt Izzi Zizi (Slangwort für Penis). Und so kommt es, dass Kinder in diesem Viertel ihr Eis manchmal aus einem Laden mit einem unanständigen Namen bekommen.

378 **GLACIER GASTON**

Quai aux Briques 86
Dansaert-Viertel ②
+32 (0)2 223 43 06
*glaciergaston.be*

Das junge Team dieser authentischen Eisdiele stellt ihr köstliches Eis aus den allerbesten Zutaten her – frische Milch aus den Ardennen, grüne Pistazien aus dem Iran und Vanille aus Madagaskar. Probieren Sie eine Kugel Vanille mit Karamell und Pistazien.

379 **IL GELATO**

Rue Vanderkindere 168
Uccle
*ilgelato.be*

Sommerverkauf im Bois de la Cambre

Ein Eisdielenkrieg im ruhigen Vorort Uccle? Als Maurizio Boccia 1990 aus Italien kam und nur wenige Hundert Meter von Zizi entfert eine Eisdiele aufmachte, sah es ganz danach aus … Il Gelato ist ein bisschen glamouröser, die Bedienungen schicker, die Werbekampagnen smarter. Und sie meinen: »Unsere Kunden sind die schönsten der Welt«.

380 **GLACIER BARGELLO**

Place de la Liberté 5
Zentrum ①
+32 (0)2 345 39 26
*bargello.eu*

Laura Fontani produziert in ihrer Luxemburger Werkstatt Gourmet-Eiscremes und -Sorbets nach Florentiner Tradition. In der hellen Brüsseler Filiale verteilt ihr nettes Team großzügig bemessene Eiskugeln vor einer Fototapete mit dem namensgebenden Florentiner Palazzo aus dem 13. Jahrhundert. Kommen Sie vorbei, um eine echte *Crema Fiorentina* oder cremige *Mandorla Amaretto* aus sizilianischen Bittermandeln zu probieren.

# *Die 5 sehenswertesten* COMICSTRIPS *auf* HAUSWÄNDEN

381 **RICK MASTER**
Rue de Bon Secours 9
Zentrum ①

Vor knapp dreißig Jahren begann eine Künstlergruppe Szenen aus Brüsseler Comics auf leere Hauswände und Fassaden zu malen. Inzwischen findet man im Stadtzentrum über 50 Arbeiten. Eine der ersten von 1992 zeigt den Comichelden *Rick Master* (im Original Ric Hochet) von Tibet, der an einer echten Dachrinne zu hängen scheint.

382 **XIII**
Rue Philippe de Champagne 29-31
Zentrum ①

Diese eindrucksvolle New Yorker Straßenszene aus der Comicserie *XIII* von William Vance wurde 2010 auf die Seitenwand eines Hauses gemalt.

383 **NERO**
Place Saint-Géry
Dansaert-Viertel ②

In diesem Wandbild von 1995 in der Nähe des Marché Saint-Géry sind mehrere Charaktere aus Marc Sleens *Die Abenteuer von Nero & Co* zu sehen. Marc Sleen ist in Brüssel ein eigenes Museum gewidmet (Rue des Sables 31-33, gegenüber vom Comicstrip-Museum).

384 **LE PASSAGE**
Rue Marché au Charbon 19
Zentrum ①

Der Comiczeichner François Schuiten (*Die geheimnisvollen Städte*, zusammen mit Benoît Peeters) schuf dieses Trompe-l'Œil, das eine imaginäre Stadt darstellt. Schuiten entwarf auch die Metrostation Porte de Hal und arbeitete mit bei der Restaurierung von Hortas Maison Autrique.

385 **GASTON LAGAFFE**
Rue de l'Ecuyer 9
Zentrum ①

Hier lehnt sich das von Franquin geschaffene Stadtkind Gaston Lagaffe aus dem Fenster. Lagaffe arbeitet gerne komplizierte Pläne aus, um Parkgebühren zu vermeiden. Anlässlich der Enthüllung dieses Wandbilds, setzte die Stadt die Parkgebühren für 24 Stunden aus.

381 RICK MASTER

## *Die 5 besten Orte für eine*
# TIM-UND-STRUPPI-TOUR

386 **GARE DU MIDI**
Gare du Midi/ Eingang
Place Horta
Anderlecht ⑦

Auf dem riesigen Wandbild in der Eingangshalle des Südbahnhofs hängt Tim an einer Dampflok. Das Bild stammt aus *Tim in Amerika* von 1932.

387 **LE LOMBARD**
Place Bara
Anderlecht ⑦

In der Nähe des Südbahnhofs sind auf dem Dach des sogenannten Tintin-Gebäudes die Konterfeis von Tim und Struppi zu sehen. Der Herausgeber der *Tim-und-Struppi*-Bände stellte die riesige Reklame beim Einzug 1958 auf.

388 **GARE DU LUXEMBOURG**
Place du Luxembourg
Ixelles ⑤

Das Wandbild am Eingang zum Gare du Luxembourg in der Nähe des Europäischen Parlaments wurde 2009 enthüllt. Angelehnt an einen frühen Cartoon des Zeichners – ursprünglich als Werbung für ein Kaufhaus gedacht –, zeigt es viele Figuren aus Hergés Comics.

## 389 RUE DE L'ÉTUVE

Rue de l'Étuve 37
Zentrum ①

Das Wandgemälde in der belebten Rue de l'Étuve zeigt Tim, Struppi und Kapitän Haddock, wie sie über eine Feuertreppe fliehen. Die Szene stammt aus dem Band *Der Fall Bienlein*.

## 390 METROSTATION STOCKEL

Woluwé-Saint-Pierre

Hunderttausend Höllenhunde! Nichts ahnend fährt man in die Metrostation Stockel ein und auf einmal späht dort Kapitän Haddock durch das Zugfenster! Was für ein Schreck! Hergé hat die Zeichnungen für die Metrostation Stockel kurz vor seinem Tod im Jahr 1983 fertiggestellt. Die Wandbilder versammeln 140 verschiedene Figuren aus 22 *Tim-und-Struppi*-Bänden.

386 **GARE DU MIDI**

# 25 ORTE ZUM ÜBERNACHTEN

# *Die 5 Top-*
# LUXUSHOTELS

391 **THE DOMINICAN**
Rue Léopold 9
Zentrum ①
+32 (0)2 203 08 08
*www.thedominican.be*

The Dominican befindet sich in einem ehemaligen Kloster, in dem im 19. Jahrhundert der französische Maler Jacques-Louis David nach seiner Verbannung wohnte. Die Innenausstattung des mondänen Hotels wurde von dem Amsterdamer Büro FG Stijl designt. Mit dem lichtdurchfluteten Kreuzgang und der Dekoration aus schweren Stoffen und unzähligen Orchideen eine Oase der Ruhe im Stadtzentrum.

392 **AMIGO**
Rue de l'Amigo 1-3
Zentrum ①
+32 (0)2 547 47 47
*www.roccofortehotels.com*

Dem Hotel mit der historisierenden Backsteinarchitektur sieht man nicht an, dass es erst für die Brüsseler Weltausstellung im Jahr 1958 gebaut wurde. Durch die Toplage nahe des Grand-Place ist das komfortable und elegante Hotel während EU-Gipfeltreffen auch bei Staats- und Regierungschefs sehr beliebt. Von der Terrasse der Präsidentensuite hat man einen fantastischen Blick auf das gotische Rathaus.

393 **STANHOPE**

Rue du Commerce 9
Ixelles ⑤
+32 (0)2 506 91 11
*www.stanhope.be*

Inmitten des betongewordenen Grauens des Europa-Viertels liegt dieses Refugium im traditionellen britischen Herrenhausstil, hierher ziehen sich die EU-Bürokraten am Feierabend zurück. Das weitläufige Hotel umfasst drei Stadthäuser und einen modernen Anbau, in der Marmorlobby war einmal eine Apotheke untergebracht, und der entzückende, ruhige Innenhof wird von einer alten Magnolie beschattet.

394 **LE DIXSEPTIÈME**

Rue de la Madeleine 25
Zentrum ①
+32 (0)2 517 17 17
*www.ledixseptieme.be*

Dieses wundervolle Stadthaus aus dem 17. Jahrhundert gehörte einst dem spanischen Botschafter. Heute besticht das stylische Hotel in der Nähe des Grand-Place durch großzügige und elegante Räume.

395 **LE PLAZA**

Boulevard Adolphe Max 118-126
Zentrum ①
+32 (0)2 278 01 00
*www.leplaza-brussels.be*

Das Pariser Jugendstilhotel Georges V. diente als Vorbild für dieses 1930 erbaute Luxushotel mit seinen Marmorböden und Kronleuchtern. In den Siebzigerjahren wurde das Hotel geschlossen und nach einer umfassenden Sanierung 1995 wieder eröffnet. Das Plaza bietet die größte Lobby der Stadt, weitläufige Zimmer und einen ausgefallenen Kinosaal im neomaurischen Stil. In der Nachbarschaft halten sich bedauerlicherweise hartnäckig ein paar alte Pornokinos.

# 5

# STYLISCHE B&B'S

396 **ART DE SÉJOUR**
Rue des Bogards 12
Zentrum ①
+32 (0)2 513 97 55
*artdesejour.com*

Stylisches B&B in einem Stadthaus aus dem 19. Jahrhundert mitten im Herzen der Altstadt. Die hohen Räume haben Holzböden, die geräumigen Regenduschen sind fantastisch. Zur Ausstattung gehören Nespresso-Maschine und iMac. Die Zutaten für das üppige Frühstück liefern lokale Erzeuger.

397 **HOME & THE CITY**
Rue du Berceau 19
Europa-Viertel ④
+32 (0)472 61 15 90
*homeandthecity.be*

Hier heißt Sie der Gastgeber in mehreren Sprachen – inklusive Chinesisch – herzlich willkommen! Didier hat das alte Stadthaus in ein stylisches B&B mit weißen Wänden, Holzböden und Grünpflanzen umgewandelt. Er kann Ihnen die besten Locations zum Essen in der Nachbarschaft empfehlen.

398 **D&F SUITES**
Rue de Pascale 52
Europa-Viertel ④
+32 (0)497 11 76 78

Dominique hat in dem wunderschön renovierten Stadthaus am Rande des Europa-Viertels ein stylisches B&B eingerichtet. Die Zimmer sind hell und großzügig geschnitten, von den Balkonen hat man einen fantastischen Blick auf das Viertel. Der Bahnhof Schuman mit schnellen Verbindungen zum Flughafen und ins Stadtzentrum ist nur ein paar Schritte vom Hotel entfernt. Hier steigen viele Geschäftsreisende ab, die in den EU-Institutionen zu tun haben.

399 **DOWNTOWN-BXL**
Rue du Marché au Charbon 118
Zentrum ①
+32 (0)475 29 07 21
*downtownbxl.com*

Das Stadthaus aus dem 19. Jahrhundert wurde in ein wunderschönes Gästehaus mit großzügigen Zimmern verwandelt, der Frühstücksraum mit einem langen Gemeinschaftstisch möbliert. Das B&B liegt in einer Straße voller Bars und Restaurants – perfekt für einen aufregenden Wochenendtrip!

400 **DRUUM**
Rue du Houblon 63
Dansaert-Viertel ②
+32 (0)472 05 42 40
*druum.be*

Karine Van Doninck und Jo Huygh haben in dem großen Stadthaus aus dem 19. Jahrhundert ein originelles B&B eingerichtet. Jedes der fünf Zimmer wird alle fünf Jahre von einem lokalen Künstler oder Kollektiv neu gestaltet – ein einzigartiges Zusammenspiel von Wohnen und Kunst.

# Die 5 besten

# KLEINEN HOTELS

401 **JARDIN SECRET HOTEL**
Rue du Berger 22
Ixelles ⑤
+32 (0)2 510 83 49
*jardinsecrethotel.be*

Der Eingang zu diesem versteckten Boutique-Hotel führt durch einen Blumenladen neben dem Hôtel Berger. Die Zimmer sind schlicht, modern und mit vielen Zimmerpflanzen. Der Blick auf den urbanen Garten passt zum romantisch-natürlichen Stil. Definitiv originell und nicht zu teuer.

402 **WELCOME HOTEL**
Quai au Bois à Brûler 23
Dansaert-Viertel ②
+32 (0)2 219 95 46
*hotelwelcome.com*

Dieses kleine Hotel liegt in einem Altbau mit Blick auf den Fischmarkt. Jedes der 17 Zimmer ist im Stil eines exotischen Reiseziels eingerichtet. So stehen ein marokkanisch dekorierter Raum oder ein dramatisches rot-schwarzes Tibetzimmer zur Auswahl.

403 **NOGA HOTEL**
Rue du Béguinage 38
Dansaert-Viertel ②
+32 (0)2 218 67 63
*nogahotel.com*

Freundliches, familiengeführtes Hotel in einer ruhigen Straße in der Nähe der Kirche des Begijnhof. Das heimelige Innere ist mit maritimen Antiquitäten vollgestopft, im Wohnzimmer wartet ein Stapel Brettspiele auf die Gäste.

404 **MADE IN LOUISE**
Rue Veydt 40
Louisen-Viertel ⑤
+32 (0)2 537 40 33
*madeinlouise.com*

Seit vielen Jahren eine unserer Lieblingsadressen in Brüssel – und nach der umfassenden Sanierung 2012 ist sie noch schöner und empfehlenswerter! Das freundliche, familiengeführte Hotel liegt in einem Stadthaus des 18. Jahrhunderts in einer ruhigen Seitenstraße nahe der Avenue Louise. Strahlend weiße Lobby, schicke kleine Bar und Billardsaal.

405 **9 HOTEL CENTRAL**
Rue des Colonies 10
Zentrum ①
+32 (0)2 504 99 10
*9-hotel-central-brussels.com*

Das coole Hotel direkt beim Hauptbahnhof wurde vom Büro Castel Veciana aus Barcelona ausgestattet: relaxte Lounge mit Nordic-Style-Elementen wie Holzhockern und nackten Glühbirnen, ruhiger Frühstücksraum mit Tischreihen, die zum Arbeiten oder für Meetings genutzt werden können. Schlafzimmer im Loftstil mit unverputzten Ziegelwänden und Massivholzschreibtischen. Einige Zimmer mit Balkon.

402 WELCOME HOTEL

## Die 5 coolsten

# DESIGNERHOTELS

### 406 PANTONE HOTEL

Place Loix 1
Saint-Gilles ⑥
+32 (0)2 541 48 98
*pantonehotel.com*

Die belgischen Designer Michel Penneman und Oliver Hannaert haben einen langweiligen Siebzigerjahrebau in ein trendiges Refugium verwandelt. Das Designkonzept mit den intensiven Farbakzenten überall im Haus basiert auf dem Farbsystem von Pantone. Von der Dachterrasse der Rooftop-Suite hat man einen weiten Blick über die Stadt.

### 407 VINTAGE HOTEL

Rue Dejoncker 45
Saint-Gilles ⑥
+32 (0)2 533 99 80
*vintagehotel.be*

Und noch einmal Michel Penneman: Aus dem einstigen Altenheim nahe der Avenue Louise ist ein Nostalgiehotel voller witziger Objekte der 1950er- und 1960er-Jahre geworden. Man kann gar nicht anders, hier gefällt alles: Sofa von Charles und Ray Eames, die psychedelischen Mustertapeten und das nette Personal. Die Weinbar mit der Terrasse im Innenhof unterstreicht den ungezwungenen Charme.

407 **VINTAGE HOTEL**

## 408 NH BRUSSELS BLOOM

Rue Royale 250
Saint-Josse ⑨
+32 (0)2 220 66 11
*nh-hotels.com/hotel/nh-brussels-bloom*

Seit der stilvollen Renovierung 2008 ist der einstige Hotelkettenbetonklotz eine der ersten Adressen für Designfans. Jedes der 287 Zimmer ist mit einem anderen Wandbild ausgestattet – entworfen von aufstrebenden jungen Künstlern, frisch von der Kunstakademie. Mit dem ausgeklügelten Online-Buchungsformular kann man das gewünschte Zimmer nach Nationalität, Stil oder Schule des Künstlers auswählen.

## 409 HOTEL DES GALERIES

Rue des Bouchers 38
Zentrum ①
+32 (0)2 213 74 70
*hoteldesgaleries.be*

Die Designerin Camille Flammarion entwarf 2014 dieses stilvolle Refugium im Herzen der Altstadt in einer Gasse neben den Galeries Saint-Hubert. Schnörkelloser Look mit polierten Holzdielenböden und modernen Möbeln. Einziger Nachteil: Die Zimmer nach vorne raus können ziemlich laut sein.

## 410 HYGGE

Rue des Drapiers 31-33
Ixelles ⑤
+32 (0)2 274 28 00
*hyggehotel.be*

Dieses zwanglose Hotel nahe der Avenue Louise wurde 2017 von Michel Penneman entworfen. Aus der Verbindung eines historischen Brüsseler Stadthauses mit einem Bürogebäude ist ein modernes, vom dänischen *hygge* inspiriertes Stadthotel geworden – perfekt, um sich bei einem Wochenendtrip inspirieren zu lassen. Freundliche Lobby, prachtvolle Treppe und Bäder mit Vintage-Fliesen.

408 **NH BRUSSELS BLOOM**

## *Die 5 besten*

# HOTELS UNTER 100€

411 **MEININGER HOTEL BRUSSELS CITY CENTER**
Quai du Hainault 33
Dansaert-Viertel ②
+32 (0)2 588 14 74
*meininger-hotels.com*

Das 2016 eröffnete Low-Budget-Hotel liegt in einer ehemaligen Brauerei am Canal Bruxelles-Chaleroi. Beim Umbau des riesigen Backsteinkomplexes haben die Architekten das raue Industrieinterieur – inklusive einiger verblasster Graffiti – erhalten. Die Schlafräume eignen sich perfekt für Backpacker und Schülergruppen – obwohl es nachts schon ziemlich laut werden kann. Zu Fuß braucht man ein wenig länger ins Stadtzentrum, aber dafür ist man gleich im Modeviertel Dansaert.

412 **MOTEL ONE**
Rue Royale 120
Zentrum ①
+32 (0)2 209 61 10
*motel-one.com*

Das hippe deutsche Budget-Design-Hotel wurde 2014 in den ehemaligen Redaktionsräumen der Zeitung *Le Soir* eröffnet. Das Haus verfügt über eine riesige Lobby im Erdgeschoss, die mit den witzigen *Egg Chairs* des dänischen Designers Arne Jacobsen ausgestattet ist, und einen ruhigen, begrünten Innenhof. Die Schlafzimmer sind nicht luxuriös, aber preisgünstig.

413 **JAM**
Chaussée de
Charleroi 132
Saint-Gilles ⑥
+32 (0)2 537 17 87
*jamhotel.be*

Der Innenarchitekt Lionel Jadot hat ein verlassenes Bürogebäude aus den 1970er-Jahren in eine hippe neue Bleibe verwandelt. Der raue Industrielook kombiniert graue Sichtbetonwände, unverputzte Backsteinmauern und Holzfußböden. Mit Dachterrasse und kleinem Pool auf dem Dach.

414 **ALOFT**
Place Jean Ray
Europa-Viertel ④
+32 (0)2 800 08 88
*aloftbrussels.com*

Definitiv die coolste Bleibe im Europa-Viertel. Inklusive einer relaxten Bar mit Billardtisch, funky Beleuchtung und einer Terrasse für Sommerabende. Das DJ-Set jeden Donnerstag in der Bar lockt ein junges Publikum an.

415 **HOTEL LES BLUETS**
Rue Berckmans 124
Saint-Gilles ⑥
+32 (0)2 534 39 83
*bluets.eu*

Dieses kleine, ruhige nahe der Avenue Louise gelegene Hotel ist perfekt für alle, die sich für den Charme vergangener Tage begeistern. Das hübsche Stadthaus aus dem 19. Jahrhundert ist fast gänzlich unter einer Glyzinie begraben. Die acht Gästezimmer sind mit Zimmerpflanzen, allerlei Zierrat und alten Gemälden ausgestattet: Ganz so, als ob Großmutter das Dekor ausgewählt hätte. Das Frühstück wird an einem großen runden Tisch im Esszimmer serviert – wie in alten Zeiten.

429 **BAINS DU CENTRE**

# 45 AKTIVITÄTEN FÜRS WOCHENENDE

## 5 *wunderschöne*
# SPAZIERGÄNGE DURCH DEN WALD

416 **BOIS DE LA CAMBRE**
HAUPTEINGANG AM ENDE DER AVENUE LOUISE

Das perfekte Ziel für einen Sonntagsspaziergang! Mitte des 19. Jahrhunderts wurde der romantische Landschaftspark mit einer künstlichen Schlucht, einem See inklusive Insel und mehreren Restaurants gestaltet. Nehmen Sie die Tram 94 zur Haltestelle Legrand, von dort führen mehrere Wege zum See. Eine Fähre fährt hinüber zum Restaurant Chalet Robinson.

417 **WALD UM GROENENDAAL**
START: ZUG BIS HALT GROENENDAAL
*www.zonienwald.be*
*www.sonian.be*

Es ist verblüffend einfach, der Betriebsamkeit des Europa-Viertels zu entkommen: mit einer Wanderung oder einer Joggingrunde im Wald um Groenendaal, gut angebunden mit dem S-Zug zum Beispiel von den Stationen Schuman oder Luxemburg aus. Nach 11 Minuten Zugfahrt und 10 Minuten Fußweg ist man schon mitten in den alten Buchenwäldern, die sich seit der Eiszeit kaum verändert haben und heute von der UNESCO geschützt sind. Ein Kaffee oder Lunch im Restaurant Sonian an den Groenendaalseen runden den Tag ab.

418 **ABBAYE DU ROUGE-CLOÎTRE**
START: METRO 5 BIS HALT HERRMANN-DEBROUX
*www.zonienwald.be*

Einige der schönsten Spazierwege beginnen in der Nähe der Abbaye du Rouge-Cloître in der Gemeinde Auderghem. Ein einfacher einstündiger Rundweg führt über den *Sluipdelleweg* den *Verbrandedreef* und den *Vijversweg*. In einem der Klostergebäude kann man sich in der neu eröffneten Taverne »Le relais forestier« stärken.

419 **WALD BEI TERVUREN**
START: TRAM 44 BIS HALT TERVUREN
*www.zonienwald.be*

Die Wälder östlich von Tervuren wurden im 18. Jahrhundert von den Österreichern angelegt. Eine der schönsten Spazierrouten folgt dem *Wilde Zwijnenweg* zum zentralen *Zevenster*, von dem aus viele Wege sternförmig abgehen.

420 **ARBORETUM TERVUREN**
START: AUTO ODER BUS BIS JEZUS-EIK
*www.zonienwald.be*
*http://www.arboretum-tervuren.be*

Nordöstlich von der Haltestelle in Jezus-Eik liegt das unter anderem aus exotischen Mammutbäumen und Andentannen bestehende Arboretum. Die Baumsammlung wurde 1902 unter der der Herrschaft von Leopold II. angelegt.

INFO

In der IGN-Karte des Forêt de Soignes/Zoniënwoud sind alle Wege durch den Zonienwald markiert.
Eine kostenlose Überblickskarte ist als PDF unter www.zonienwald.be/practical/karten-und-fuhrer/ verfügbar.

## 5 lohnenswerte

# SPAZIERGÄNGE DURCH DIE STADT

421 **WEIHER VON IXELLES**

Beim Spaziergang um die Les Étangs d'Ixelles können Sie sich unter die einheimischen Familien und Jogger mischen. Vom Place Flagey geht es auf staubigen Wegen bis zur Abbaye de la Cambre.

422 **EUROPA-VIERTEL**

Spazieren Sie vom Place du Luxembourg durch das Europäische Parlament bis zum Parc Léopold. Folgen Sie dort den gewundenen Wegen bis zum Haupteingang im Norden. Überqueren Sie den Place Jean Ray und steigen Sie zum Verkehrskreisel Schuman hinauf, wo Sie das Justus-Lipsius- und das Berlaymont-Gebäude besichtigen können. Mittagessen gibt es am Place Jourdan.

423 **JUGENDSTIL**

Schlendern Sie die Avenue Louise und ihre Nebenstraßen entlang, um die zwischen 1893 und 1910 erbauten Jugendstilhäuser zu besichtigen. Einige der eindrucksvollsten Häuser liegen zwischen der Avenue Louise und den Weihern von Ixelles.

424 **MODE**

Um sich über die neuesten Trends der belgischen Mode zu informieren, gehen Sie von der Börse aus die Rue Antoine Dansaert entlang bis zum Kanal. Die flippigeren Modeläden befinden sich in der Rue des Chartreux.

425 **ANTIQUITÄTEN**

Startpunkt ist der Flohmarkt am Place du Jeu de Balle. Von dort geht es an der Rue Blaes entlang Richtung Nordwesten und dann am Place de la Chapelle rechts den Hügel zum Place du Grand Sablon hinauf. Die edleren Antiquitätenhändler haben ihre Läden in Nebenstraßen wie der Rue des Minimes, die parallel zur Rue Blaes verläuft.

421 **WEIHER VON IXELLES**

*Die 5 besten Orte für die*

# FITNESS

426 **ASPRIA ARTS-LOI**
Rue de l'Industrie 26
Europa-Viertel ④
+32 (0)2 508 08 00
*aspria.be*

Eines der besten Fitnessstudios der Stadt – allerdings auch eines der teuersten. Dafür bietet es ein großes Schwimmbecken, ein stylisches Restaurant und großartiges Personal – beliebt bei den in der Nähe arbeitenden Eurokraten. Gelegentlich schaut auch ein belgischer Politiker vorbei, der ein paar Kilogramm abnehmen will.

427 **FRISKIS & SVETTIS**
Verschiedene Locations, auch Outdoor
*friskis.be*

Der Name ist schwedisch und bedeutet Gesund & Verschwitzt – damit Sie gleich wissen, was Sie erwartet. Hier soll das Fitnesstraining Spaß machen. Nicht teuer.

428 **ROYAL TENNIS CLUB DE BELGIQUE**
Rue du Beau Site 26
Ixelles ⑤
+32 (0)2 648 80 35
*tennisclubdebelgique.be*

Einer der skurrilsten Orte der Stadt! 1954 setzte man diese Tennisanlage mit drei überdachten Hallen auf ein siebenstöckiges Parkhaus. Hier haben Tennisstars von Weltklasse gespielt, heute gehören Tennisunterricht und Workshops, Courts zum Mieten und eine urige Bar zum Angebot des schlichten Clubs.

429 **BAINS DU CENTRE**
Rue du Chevreuil 28
Marolles ③
+32 (0)2 511 24 68

Ein etwas vernachlässigtes Architekturjuwel der Fünfzigerjahre im Herzen des Marolles-Viertels. Die Schwimmer können zwischen zwei übereinanderliegenden Becken wählen. Vom oberen Pool im dritten Stock schaut man durch die großen Fenster über die Dächer des Viertels. Ein ebenso ausgefallener wie sympathischer Ort.

430 **LA PROMENADE VERTE**
+32 (0)2 775 75 75
*bruxellesenvironnement.be*

Ein kaum bekannter, 63 Kilometer langer Rundweg um die Stadt für Radfahrer, Jogger und Spaziergänger. Die Promenade führt durch Parks, bewaldete Täler und weite Felder. Gut mit Metro und Bus zu erreichen.

430 **LA PROMENADE VERTE – LAEKEN PARK**

## *Die 5 empfehlenswertesten* SOMMERFESTIVALS

431 **BRUSSELS JAZZ MARATHON**
ENDE MAI
*brusselsjazzmarathon.be*

Sie müssen kein Jazzfan sein, um dieses städtische Musikfest zu genießen, das zu den coolsten Europas gehört. Hier spielen an drei Tagen im Mai über 700 Künstler auf mehr als 250 Konzerten auf Plätzen, in Kulturzentren und Cafés. Kostenlose Pendelbusse verbinden die verschiedenen Veranstaltungsorte.

432 **COULEUR CAFÉ**
ENDE JUNI
EINGANG: SQUARE DE L'ATOMIUM
Parc d'Osseghem ⑧
*couleurcafe.be*

Dieses große städtische Musikfestival bietet eine entspannte multikulturelle Atmosphäre. Die Veranstalter sind 2017 vom Industriegelände Tour & Taxis in den Park beim Atomium umgezogen. Faire Ticketpreise.

433 **BROSELLA**
ANFANG JULI
THÉÂTRE DE VERDURE
Parc d'Osseghem ⑧
*brosella.be*

Hier sitzen Sie unter Bäumen und hoffen, dass der Regen dieses großartige Open-Air-Folk- und Jazzfestival verschont. Die Bands spielen auf einer Freilichtbühne, versteckt in einem kleinen Park in der Nähe des Atomiums.

## 434 FEEËRIEËN

ENDE AUGUST

Parc de Bruxelles

Zentrum ①

*www.abconcerts.be*

Das schier unaussprechliche »Feeërieën« bedeutet im Niederländischen »Märchen« und beschreibt gut die Atmosphäre dieses Sommerfestivals: Die mit roten Tüchern verhängten Straßenlampen im Parc de Bruxelles und die Lichterketten in den Bäumen sorgen für eine magische Atmosphäre. Der Konzertveranstalter Ancienne Belgique bringt großartige belgische Bands auf die Bühne

## 435 TSCHECHISCHE STRASSENPARTY

JUNI

Rue Caroly 15

Ixelles ⑤

*mzv.cz*

1997 hatte die tschechische Delegation die brillante Idee, mit einer alljährlichen Straßenparty vor der Tschechischen Vertretung in Ixelles Werbung für ihr Land zu machen. Ein paar verrückte tschechische Rockbands, ein Bierzelt – *voilà*!

## 5 besonders gute

# GEFÜHRTE TOUREN

436 **BRÜSSELER GUEUZE-MUSEUM**

Rue Gheude 56
Anderlecht ⑦
+32 (0)2 521 49 28
*cantillon.be*

Die Cantillon Brauerei in Anderlecht ist die letzte traditionelle Gueuze-Brauerei im Stadtgebiet. Die Spinnweben sind für den Brauvorgang absolut notwendig, genauso wie der große offene Behälter unterm Dach, in dem das Bier fermentiert. Nach der Besichtigung des wunderschönen Brauereigebäudes von 1900 gibt es noch ein Glas Gueuze.

437 **ARAU JUGENDSTIL-BUSTOUR**

Bvd. Adolphe Max 55
Zentrum ①
+32 (0)2 219 33 45
*arau.org*

Die urbane Aktionsgruppe Arau bietet seit 1969 Architekturführungen in Brüssel an. Am beliebtesten ist die dreistündige Bustour zu Jugendstilbauten aus der Zeit von 1893 bis 1914.

438 **PRO VÉLO**

Rue de Londres 15
Ixelles ⑤
+32 (0)2 502 73 55
*provelo.org*

Für alle, die in aller Ruhe und in Gesellschaft versteckte Orte erkunden möchten: Die Fahrrad-Aktionsgruppe Pro Vélo organisiert etwa dreistündige Fahrradtouren zu Themen wie Jugendstilarchitektur, ehemalige Kinobauten und Magritte.

436 **BRÜSSELER GUEUZE-MUSEUM**

## 439 BRUSSELS BEER BUS

*brusselsbeerbus.com*

Sind Sie eigentlich nur wegen des Biers in der Stadt? Dann sollten Sie in den Brussels Beer Bus steigen, den zwei einheimische Brüder 2016 ins Leben gerufen haben. Ein alter Stadtbus aus den Sechzigerjahren oder ein Krankenwagen aus den Vierzigern nimmt Bierliebhaber mit auf eine Tour zu den Sehenswürdigkeiten und legt dabei ab und zu einen Stopp ein, damit Sie einige der charakteristischen Craft-Biere verkosten können.

## 440 BRUSSELS SIGHT JOGGING

*brusselssightjogging.com*

Von leidenschaftlichen Joggern organisierte Lauftouren durch die Stadt. Bei den häufigen Pausen können Sie die Sehenswürdigkeiten bewundern. Die Touren führen durch das historische Zentrum, zum Atomium und in verschiedene Parks, entlang des Brüssel-Chaleroi-Kanals und nach Moelenbeek oder zu Comic-Wandbildern.

# 5 Top-Locations zum AUSGEHEN

441 **KUMIKO**
Rue d'Alost 7
Dansaert-Viertel ②
+32 (0)476 84 12 86
*kumiko.be*

Die höhlenartig wirkende Bar auf zwei Ebenen in einem alten Fabrikgebäude am Kanal ist rustikal mit massiven Holztischen, niedrig hängenden Lampen und alten Metallhockern ausgestattet. Nicht unbedingt das gemütlichste Lokal der Stadt, aber die hippen Einheimischen kommen wegen des leckeren japanischen Essens, des Craft-Biers des Brussels Beer Projects und der Konzerte hierher.

442 **PLUX**
Place du Luxembourg
Ixelles ⑤

Der Platz vor dem Europäischen Parlament ist von Bars und Restaurants gesäumt, in denen sich die EU-Abgeordneten, Lobbyisten und Assistenten nach der Arbeit treffen. An schönen Tagen ist auf dem Platz viel los. Am besten donnerstagabends vorbeischauen – außer, wenn das Parlament in Straßburg tagt.

443 **MADAME MOUSTACHE**
Quai au
Bois-à-Brûler 5-7
Dansaert-Viertel ②
+32 (0)489 73 99 12
*madamemoustache.be*

Dieser sympathische Club wurde im Stil eines alten Volksfestes ausgestattet, der DJ sitzt in einer Jahrmarktsbude. Hier wird ein eklektischer Musikmix aus 1980er-Jahre-Kitsch bis hin zu Disney-Hits gespielt. Rein kommt man hier fast immer – und zum kleinen Preis. Das kosmopolitische Brüsseler Publikum liebt Madame Moustache.

444 **INDIES KEEPING SECRETS**
*indieskeepingsecrets.com*

Indies Keeping Secrets – das am besten gehütete Geheimnis der Stadt – organisiert spontane Konzerte von Indie-Bands an ungewöhnlichen Locations. Das kann überall sein – von einem kaum bekannten Schloss bis hin zu einem altmodischen Hutladen. Der Veranstaltungsort wird erst kurz vorher per E-Mail verraten und die Besucherzahl ist auf hundert begrenzt, was eine einzigartige Atmosphäre garantiert.

445 **STRICTLY NICENESS**
LA BODEGA
Rue de Birmingham 30
Dansaert-Viertel ②

Seit 2002 steigt hier jeden ersten Samstag im Monat auf zwei Ebenen diese coole Party, bei der bis tief in die Nacht Hip-Hop, Funk und Soul gespielt wird. Strictly Niceness bringt ein gut gelauntes und entspanntes Publikum in das am Kanal gelegene La Bodega.

## *Die 5 besten*

# PROGRAMMKINOS

446 **CINEMATEK**
Rue Baron Horta 9
Zentrum ①
+32 (0)2 551 19 19
*cinematek.be*

Eine kleine Tür in einer Seitenstraße gewährt Einlass in den Palais des Beaux-Arts von Victor Horta und zu einem der größten Filmarchive der Welt, der 1938 gegründeten La Cinémathèque royale de Belgique. 2009 hat das Genter Büro Robbrecht en Daem architecten die Innenräume neu gestaltet. Im luftigen Foyer werden Ausschnitte von Filmklassikern und historische Filmapparate gezeigt. Aber hauptsächlich kommt man natürlich hierher, um ganz ohne Popcorn mampfende Nachbarn einen Filmklassiker anzuschauen.

447 **VENDÔME**
Chaussée de Wavre 18
Ixelles ⑤
+32 (0)2 502 37 00
*www.cinema-vendome.be*

Dieses Art-déco-Kino am Rande des afrikanisch geprägten Matongé-Viertels zeigt Filme aus Europa und aller Welt. Gegen die leuchtenden Multiplex-Kinos zu bestehen, aber viele lieben das Vendôme wegen seiner winzigen Kinokassen auf dem Bürgersteig und dem Idealismus, anspruchsvolle Filme aus Bosnien oder der Mongolei zu zeigen.

448 **NOVA**

448 **NOVA**
Rue d'Arenberg 3
Zentrum ①
+32 (0)2 511 24 77
*nova-cinema.org*

Bekommen Sie keinen Schreck! Das von Ehrenamtlichen geführte kleine alternative Kino sieht mit den blanken Ziegelwänden und den um die Bar verstreuten alten Sofas und Autositzen aus wie ein besetztes Haus. Aber das Nova ist eines der aufregendsten Programmkinos in Europa und steht für eine ambitionierte und inspirierende Auswahl an Experimentalfilmen, die Sie nirgendwo sonst zu sehen bekommen.

449 **PALACE**
Boulevard Anspach 85
Zentrum ①
+32 (0)2 503 57 96
*cinema-palace.be*

1913 schuf der Jugendstilarchitekt Paul Hamesse dieses einst größte Kino der Stadt. Nach 15-jährigem Leerstand wurde der prächtige Kinopalast saniert und 2018 wieder eröffnet. Die spektakuläre Lobby blieb erhalten, neu sind die vier modernen Vorführräume, mehrere Tagungsräume und ein Restaurant. Dank der Unterstützung einiger belgischer Regisseure kann das Kino Arthouse-Filme zeigen.

450 **GALERIES**
Galerie de la Reine 26
Zentrum ①
+32 (0)2 514 74 98
*galeries.be*

Dieses romantische Art-déco-Kino in einer wunderschönen Passage wurde 1939 eröffnet. Die Brüder Lumière zeigten 1895 in einem Raum auf der gegenüberliegenden Seite den allerersten Film in Belgien. Das Kino kämpft seit einigen Jahren ums Überleben, zeigt aber weiterhin auf zwei Leinwänden preisgekrönte internationale Arthouse-Filme.

## *Die 5 schönsten*
# SOMMERBARS

451 **BAR GISÈLE**
PARC DE L'ABBAYE DE LA CAMBRE
Louisen-Viertel ⑤
*guinguettesbarc.be*

In vielen Brüsseler Parks findet man romantische Sommercafés, die sogenannten *guinguettes*. Das Schönste ist die Bar Gisèle bei der Abbaye de la Cambre. Perfekt für einen Sonntagsausflug mit Freunden oder Kindern – auch in größeren Gruppen. Man sitzt an langen Holztischen unter dem gerafften Sonnensegel: Auf der Karte stehen Biere des Brüsseler Bierprojekts, portugiesische *pastéis de nata* und sonntags Brunch. Weitere *guinguettes* befinden sich im Parc du Cinquantenaire, Parc Duden und Rouge-Cloître. Bis Ende September geöffnet.

452 **LA GUINGUETTE DU PARC DE FOREST**
Avenue des Villas 80
Forest
+32 (0)475 50 67 41
*laguinguetteduparc.be*

Im Sommer 2017 haben zwei junge Frauen einen alten Pavillon im Parc de Forest übernommen und mit Recyclingmöbeln aus Holzpaletten eine wunderbar entspannte Atmosphäre geschaffen. Besuchen Sie diese Guinguette am besten an einem sommerlichen Nachmittag, bestellen etwas Vegetarisches und dazu ein regionales Bier aus der Brauerei Brasserie de la Senne.

453 **BUVETTE SINT-SEBASTIAAN**
PARC JOSAPHAT
Avenue Ambassador van Vollenhoven
Schaerbeek ⑨
*buvettesintsebastiaan.com*

Wo kann man in Brüssel Minigolf spielen, Mitglieder der Bogenschützenzunft treffen und ein Brüsseler Bier trinken? Im Parc Josaphat! Dort haben die Macher der Brasserie de la Senne die alte Taverne Buvette Sint-Sebastiaan restauriert. Zu dem abwechslungsreichen Sommerprogramm gehören Konzerte, Tanz, Bierverkostungen, eine *Friday Fish Party* und vieles mehr.

454 **WOODPECKER**
BOIS DE LA CAMBRE
Carrefour des Attelages
Louisen-Viertel ⑤

2017 eröffnete mitten im Bois de la Cambre nördlich vom See eine hippe Sommerbar. Die Betreiber bieten Produkte von einigen der besten kleinen Lebensmittelproduzenten der Stadt an, darunter das Bio-Restaurant Peck, die Cocktailbar Tigre, der Chocolatier Laurent Gerbaud und die Brauerei Brasserie de la Senne. Der perfekte Pausenstopp bei einer Fahrradtour durch den Wald!

455 **LE KIOSQUE**
BOIS DE LA CAMBRE
Avenue des Genêts
Louisen-Viertel ⑤
+32 (0)493 30 22 25

Diese gemütliche Sommerbar in einem alten Kioskhäuschen, direkt hinter dem Chalet Robinson, gibt es seit 2019. Hier sitzen Sie ganz romantisch unter weißen Schirmen an roten Metalltischen im Schatten alter Bäume und genießen einen Kaffee, ein Glas Weißwein oder ein Bier von En Stoemelings. Oder kommen Sie abends vorbei, wenn auf der Terrasse die Lichterketten leuchten.

## *Die 5 besten Orte für*
# EIN KONZERT

456 **LE BOTANIQUE**
Rue Royale 236
Saint-Josse ⑨
+32 (0)2 218 37 32
*botanique.be*

Traumhafter Veranstaltungsort in einem ehemaligen Gewächshaus, das sich heute inmitten der Wolkenkratzer verliert. Das Gebäude aus dem 19. Jahrhundert bietet verschiedene, unterschiedlich große Locations: Der größte Veranstaltungsraum ist die beeindruckende Orangerie, in der die großen Bands auftreten, der kleinste der enge Keller, in dem nur ein paar Dutzend Leute Platz finden. Beliebt bei den Einheimischen, breites Angebot.

457 **ANCIENNE BELGIQUE**
Boulevard Anspach 110
Zentrum ①
+32 (0)2 548 24 84
*abconcerts.be*

Wenn im *Ab* die großen Stars auftreten, ist es schnell ausverkauft, aber auch alternative Musik und neue Sounds finden hier Raum. Die Bands lieben die Atmosphäre und die Bars in der Umgebung, wo sie etwas trinken gehen können, ohne von Fans belagert zu werden.

458 **FLAGEY**
Place Sainte-Croix
Ixelles ⑤
+32 (0)2 641 10 20
*flagey.be*

Das 1933 errichtete belgische Rundfunkgebäude am Place Flagey gehörte schon zu den 100 am stärksten bedrohten Bauwerken der Welt. Seit dem Umbau werden in dem elegant-schnittigen Kulturzentrum Konzerte, Filme und Diskussionsabende veranstaltet. Im Sommer findet hier das Europäische Filmfestival statt.

459 **BOZAR**
Rue Ravenstein 23
Zentrum ①
+32 (0)2 507 82 00
*bozar.be*

Das Palais des Beaux-Arts wurde 1928 von Victor Horta als eines der ersten Kulturzentren der Welt erbaut. Der heutige Direktor Paul Dujardin hat das Gebäude behutsam wiederbelebt und einen lebendigen Kulturort mit einer gigantischen Auswahl an klassischen Konzerten, Kunstausstellungen, Kino, Lesungen und Kinderspecials geschaffen.

460 **LE JARDIN DE MA SŒUR**
Ecke Quai au Bois à Brûler und Rue du Grand Hospice
Dansaert-Viertel ②
+32 (0)2 217 65 82
*lejardindemasoeur.be*

In der ganzen Stadt verstecken sich nur wenig bekannte, oft leicht düstere Café-Theater. Das mitten im Sainte-Catherine-Viertel gelegene Le Jardin de ma Sœur hat eine ganz besondere Atmosphäre: Mit den alten Tischen, den seltsamen Bildern und der winzigen Bar fühlt man sich wie in einem Wohnzimmer. Das Programm der 1994 gegründeten kleinen Bühne umfasst Jazz, Komödie, Poesie, Theater und Kabarett. Tickets unbedingt im Voraus kaufen.

466 **LEOPOLD II.**

# 15 MENSCHEN, DIE BRÜSSEL GEPRÄGT HABEN

# *Die 5 berühmtesten* TÖCHTER UND SÖHNE *der Stadt*

461 **HERGÉ**
Rue Philippe Baucq 33
Etterbeek ⑤

Georges Rémi, der Schöpfer von *Tim und Struppi*, wurde am 22. Mai 1907 im Brüsseler Vorort Etterbeek geboren. Unter dem Künstlernamen Hergé zeichnete er 1929 für die Kinderbeilage der Zeitung *Le Vingtième Siècle* die ersten Abenteuer. Das Musée Hervé liegt ausgerechnet in der Siebzigerjahre-Retortenstadt Louvain-la-Neuve, circa 30 Minuten Zugfahrt von Brüssel entfernt.

462 **JACQUES BREL**
Avenue du Diamant 138
Schaerbeek ⑨

Der Sänger Jacques Brel – berühmt für Chansons wie *Ne me Quitte Pas* und *Amsterdam* – wurde am 8. April 1929 in Brüssel geboren. Er ging am Instituut Saint-Louis zur Schule und begann dann in der familieneigenen Kartonagenfabrik zu arbeiten. (Der Firmenname Vanneste & Brel ist noch heute auf der Wand der Rue Verheyden 18 zu erkennen.) Brels Karriere begann mit seinem Umzug nach Paris in den 1950er-Jahren. Seine Tochter leitet heute die Fondation Jacques Brel in Brüssel.

463 **AUDREY HEPBURN**

Rue Keyenveld 48
Ixelles ⑤

Audrey Hepburn wurde am 4. Mai 1929 als Tochter eines britischen Bankiers und einer niederländischen Baronin in Brüssel geboren und auf den Namen Audrey Kathleen Hepburn getauft. Im Alter von 10 Jahren zog ihre Familie in die Niederlande, wo sie die Kriegsjahre im von Deutschen besetzten Land unter dem unauffälligeren (nicht englischen) Namen der Mutter als Edda van Heemstra verbrachte.

464 **TOOTS THIELEMANS**

Rue Haute 241
Marolles ③

Der »Mann mit der Mundharmonika«, der die eindringliche Leitmelodie im Film *Asphalt-Cowboy* spielte, wurde am 19. April 1922 als Jean-Baptiste im Arbeiterviertel Marolles geboren. Seine Eltern betrieben dort in der Rue Haute ein Café. Schon mit 3 Jahren lernte Jean das Akkordeonspielen, wechselte aber später zur Mundharmonika.

465 **JULIO CORTÁZAR**

Avenue Louis Lepoutre 116
Ixelles ⑤

Das Standbild des argentinischen Schriftstellers Julio Cortázar steht auf dem begrünten Place Brugmann, gegenüber dem Gebäude, in dem er am 26. August 1914 geboren wurde. Seine Mutter hatte den Vater auf einer Geschäftsreise nach Brüssel begleitet.

# *Die 5 Erbauer des* MODERNEN BRÜSSEL

466 **LEOPOLD II.**

Bevor König Leopold II. seine großartigen von der Pariser Architektur inspirierten Umbaupläne umsetzte, war Brüssel eine eher bescheidene Metropole. Dank der Reichtümer des ausgebeuteten Kongo – viele Jahre in Privatbesitz Leopolds – war genügend Geld für die großen zentralen Boulevards, die Avenue de Tervuren und das Afrikamuseum vorhanden. Auch eine Fülle anderer Bauten, darunter ein chinesischer Tempel, ein japanischer Pavillon, kamen hinzu.

467 **FRÉDÉRIC NICOLAY**

Der Entrepeneur hat in der Stadt einzigartige Bars gegründet, darunter das Mappa Mundi, das Belga, die Bar du Matin und das Barbeton. Außerdem lancierte er das Trendbier Vedett und sorgte für die Umgestaltung eines Stadtplatzes hinter der Rue Dansaert. Alle seine Projekte haben einen nostalgischen Touch, der an das Belgien vergangener Tage erinnert.

468 **VICTOR HORTA**

Die vom Architekten Victor Horta entworfenen Privathäuser im organisch geschwungenen Jugendstil gehören zum Schönsten, was Brüssel zu bieten hat. Zu Hortas Bauten zählen auch Warenhäuser, das Palais des Beaux-Arts und der Bahnhof Gare Centrale.

469 **PAUL VANDEN BOEYNANTS**

Einige sind der Ansicht, dass Vanden Boeynants Brüssel zerstört hat. Der Bürgermeister spielte eine große Rolle bei der Organisation der Weltausstellung 1958. Dabei entstand nicht nur das Atomium, sondern auch ein dichtes Netz an Stadtautobahnen anstelle von grünen Alleen und zahlreiche Parkgaragen im Zentrum.

470 **CHARLES PICQUÉ**

Als sozialistischer Bürgermeister der Gemeinde Saint-Gilles und Ministerpräsident der Region Brüssel war Charles Picqué für viele Initiativen verantwortlich, die zur Wiederherstellung des Stadtgefüges und einer höheren Lebensqualität in der belgischen Hauptstadt führten.

# *Die 5* KREATIVSTEN KÖPFE *Brüssels*

471 **ADOLPHE QUETELET**

Der belgische Astronom und Mathematiker gründete 1826 die Brüsseler Sternwarte. Er entwickelte das statistische Konzept des Durchschnittsmenschen und den Body-Mass-Index, der bis heute zur Messung von Fettleibigkeit verwendet wird.

472 **PAUL OTLET**

Ecke Rue de Livourne 48
und Rue de Florence 13
Louisen-Viertel ⑤

Paul Otlet wurde 1868 als Sohn eines belgischen Industriellen geboren, der sein Vermögen mit der Fertigung von Straßenbahnen gemacht hatte. Otlet war besessen von der Idee, das gesamte Wissen der Menschheit in einem einzigen Gebäude zu sammeln, das er »Mundaneum« nannte. Um seine riesige Sammlung von Dokumenten und Objekten zu organisieren, erfand er dabei auch die Standard-Karteikarte. Otlets Jugendstil-Wohnhaus in Ixelles wurde von 1896 bis 1898 vom Architekten Octave van Rysselberghe erbaut. Mit der Innenausstattung betraute man Henry van de Velde.

473 **FRANÇOIS SCHUITEN**

Ecke Rue Maes und Chaussée d'Ixelles
Ixelles ⑤

Der talentierte Brüsseler Comicbuchzeichner François Schuiten erfindet Geschichten, die in fantastischen, imaginären Städten spielen. Außerdem hat er eine Trambahnstation in Brüssel, eine Metrostation in Paris und das große Wandgemälde *The Arche* in Ixelles entworfen sowie Hortas Maison Autrique in Schaerbeek renoviert.

474 **LUC DARDENNE**

Der Filmemacher Luc Dardenne lebt in Brüssel, sein Bruder Jean-Pierre in Lüttich. Gemeinsam führen sie Regie bei wunderschönen Arthouse-Filmen, die das Leben von Menschen am Rande der Gesellschaft beleuchten.

475 **STROMAE**

*mosaert.com*

Als Sohn eines ruandischen Vaters und einer belgischen Mutter hat Paul Van Haver eine aufregende neue Form von Europop entwickelt, die afrikanische Klänge mit der Musik von Jacques Brel vermischt. Als Stromae hatte er bereits mehrere Hits, zu denen beeindruckende Videos veröffentlicht wurden, darunter *Alors on Danse* – in den Augen vieler die Hymne einer verlorenen Generation.

# 25 WISSENSWERTE DINGE UND UNNÜTZE DETAILS

# 5

# *Brüsseler* KURIOSITÄTEN

476 **MADAME PIPI**

Die meisten Toiletten in den Bars und Kinos werden von Frauen betreut, die liebevoll *Madame Pipi* genannt werden. Normalerweise sitzen die Damen an einem kleinen, mit einer Vase Plastikblumen dekorierten Tisch und lesen Klatschblätter. Als Obolus werden ungefähr 50 Cent erwartet – das Trinkgeld ist das einzige Einkommen der Klofrauen.

477 **PAPAGEIEN**

Sie sind überall zu sehen – und wenn man sie nicht sieht, dann hört man sie! In den letzten Jahrzehnten hat Brüssel eine wahre Invasion grüner Papageien erlebt. Alles begann im Jahr 1974, als der Eigentümer eines städtischen Zoos 50 Halsbandsittiche fliegen ließ – er meinte, dass Brüssel etwas Farbe gut gebrauchen könnte. Heute sitzen circa 8 000 bunte Vögel in den Bäumen am Place Guy d'Arezzo und in vielen anderen Stadtparks.

478 **MUSIK IN DER METRO**

Vor einigen Jahren beschlossen die Betreiber der Brüsseler Metro, nicht mehr den ganzen Tag Fahrstuhlmusik zu spielen. Sie entwickelten eine Playlist mit Liedern für jede Tageszeit: Die Musik ist morgens fröhlich und wird gegen 16 Uhr, wenn die Schüler aus der Schule kommen, etwas trendiger. Ab 21 Uhr läuft klassische Musik, um das Herumlungern der Jugendlichen am Bahnsteig zu unterbinden.

479 **LA PASIONARIA**
Avenue de Stalingrad
Nahe Gare de Bruxelles-Central

In der Nähe des Hauptbahnhofs steht seit 2006 ein riesiges Stahlmegafon als Denkmal für Migranten. Der Künstler Emilio Lopez Menchero wurde von der spanischen Revolutionärin Dolores Ibárruri Gómez (alias La Pasionaria) inspiriert, die in einem Film von Ernest Hemingway auftrat und dort von der Ladefläche eines Lastwagens aus mithilfe eines Megafons leidenschaftliche Reden hielt.

480 **KÖNIG ALBERTS JACKE**
MUSEUM BELVUE
Place des Palais 7
Zentrum ①
+32 (0)2 545 08 09
*belvue.be*

Das Museum BELvue zeigt in seiner Sammlung auch einige etwas eigenartige Gegenstände, die mit der belgischen Königsfamilie zusammenhängen. Das merkwürdigste Ausstellungsstück ist eine Jacke mit einem Riss im Ärmel. Diese Jacke trug König Albert I., als er unter ungeklärten Umständen beim Klettern in den Ardennen abstürzte.

## 5 x unvergessliche Begriffe aus dem

# BRÜSSELER DIALEKT

481 **SCHIEVEN ARCHITEK**

Einen *schieven architek* nennt man jemanden, dem man nicht trauen kann. Der Ausdruck entstand Mitte des 19. Jahrhunderts, als große Teile des Arbeiterviertels Marolles abgerissen wurden, um Joseph Poelaerts monströsen Justizpalast zu bauen. Die Einwohner beschimpften den Architekten mit *schiev* (etwa: schimpflich, schändlich).

482 **ZINNEKE**

Ein Straßenköter, wie er überall in Brüssel herumläuft. Zinneke wird auch ein fröhlicher Multi-Kulti-Umzug genannt, der alle zwei Jahre stattfindet.

483 **STRONTZAT**

*Strontzat* bedeutet sturzbesoffen, also eine Stufe schlimmer als nur *zat*, betrunken zu sein, aber noch nicht ganz so heftig wie *strontcrimineelzat*, sternhagelvoll.

484 **EN STOUMELINGS**

So wird die Brüsseler Art und Weise genannt, Dinge zu erledigen: heimlich oder im Geheimen. Seit 2014 nennt sich auch eine Brüsseler Brauerei so.

485 **KETJE**

Ein *ketje* ist ein Straßenjunge oder – weiter gefasst – jemand, der in Brüssel geboren und aufgewachsen ist. Kürzlich wurde die Wortschöpfung *euroketje* für diejenigen vorgeschlagen, die in Brüssel von Eltern, die für die EU tätig sind, geboren und aufgezogen wurden.

## *Die 5 bedeutendsten Tage in*

# BRÜSSELS GESCHICHTE

486 **25. OKTOBER 1555**

An diesem Tag dankte Kaiser Karl V. ab und übergab in der Aula Magna des Palastes Coudenberg seinem Sohn Philipp II. die Herrschaft über Spanien und die Niederlande, sein Bruder Ferdinand I. folgte ihm als Kaiser des Heiligen Römischen Reiches von Deutschland und den habsburgischen Erblanden. Die Aula Magna wurde mit dem Rest des Palastes im 18. Jahrhundert durch ein Feuer zerstört, die Keller unter dem Place Royale blieben erhalten und können besichtigt werden.

487 **13. AUGUST 1695**

Die Truppen Ludwigs XIV. begannen an diesem Sommertag mit einem dreitägigen Bombardement von Brüssel. Der Angriff zerstörte ein Drittel der Stadt, darunter die meisten Häuser am Grand-Place, das gotische Rathaus blieb dagegen unbeschädigt. Die im flämischen Barockstil wieder aufgebauten Häuser stehen heute noch um den Platz.

488 **25. AUGUST 1830**

An einem Sommerabend stürmten Demonstranten nach der Aufführung der nationalistisch-romantischen Oper *La Muette de Portici* aus dem Brüsseler Opernhaus, versammelten sich auf der Straße, riefen patriotische Parolen und besetzten das Regierungsgebäude. So begann eine Revolution, die zur Gründung des unabhängigen Staates Belgien führen sollte.

489 **12. OKTOBER 1915**

Im Morgengrauen dieses Tages wurde in Schaerbeek die britische Krankenschwester Edith Cavell von einem deutschen Erschießungskommando hingerichtet. Cavell arbeitete in Brüssel, als die deutsche Armee 1914 die Stadt besetzte. Sie entschied sich zu bleiben und verwundete Soldaten beider Kriegsparteien zu pflegen. Allerdings half sie auch alliierten Soldaten bei der Flucht hinter die feindlichen Linien, was zu ihrer Verhaftung und zum Prozess wegen Verrats führte.

490 **25. MÄRZ 1957**

An diesem Tag wurde die Europäische Wirtschaftsgemeinschaft gegründet: Gemeinsam mit Frankreich, Italien, Luxemburg, den Niederlanden und der Bundesrepublik Deutschland unterzeichnete Belgien die Römischen Verträge. Mehr zufällig als durch bewusste Entscheidung wurde Brüssel zur inoffiziellen Hauptstadt der EWG.

## *Die 5 besten*

# BRÜSSEL-BLOGS

491 **S MARKS THE SPOTS**
*smarksthespots.com*

Die griechische Anwältin Sandy schreibt seit 2013 an ihrem englischsprachigen Blog. Sie gräbt tolle lokale Märkte, skurrile Antiquitätenläden und spannende Lokale aus.

492 **BRUSSELS' KITCHEN**
*brusselskitchen.com*

Diese fantastische Foodie-Website wird von zwei Innenarchitektinnen auf Englisch und Französisch gestaltet. Sie spüren die coolsten neuen Restaurants auf.

493 **ON FOOD AND WINE**
*onfoodandwine.com*

Inspirierender englischer Foodie-Blog von einem Brüsseler Paar, das sich seit 20 Jahren mit der Restaurantszene befasst.

494 **I LOVE BELGIUM**
*www.ilovebelgium.be*

Wunderbarer Blog mit klugen Betrachtungen zu belgischer Mode, Architektur, Fotografie und Design.

495 **I'M NOT ON THE GUEST LIST**
*imnotontheguestlist.com*

Yamina El Atlassi bloggt seit 2011 auf Französisch und Englisch über ihre Lieblingsorte, Konzerte, Buchvorstellungen, Nachtclubs und Kunstausstellungen. Ihr Wochenkalender mit vielen Geheimtipps ist unverzichtbar!

## 5 bewegende

# LIEDER VON BRÜSSELER MUSIKERN

496 **NE ME QUITTE PAS**

Jacques Brel wurde 1929 im Stadtviertel Schaerbeek geboren. *Ne Me Quitte Pas* von 1959 gilt als sein berühmtestes Chanson.

497 **LES YEUX DE MA MÈRE**
*arno.be*

Arno ist ein vom Leben gezeichneter belgischer Sänger. Hören Sie sich *Les yeux de ma mère* von 1995 an, typisch für seinen rauen, ehrlichen Stil.

498 **LA CRISE**
*daan.be*

Die düstere belgische Elektrotanzband Daan landete mit dem mit einer Bouzouki gespielten Protestsong *La Crise* einen Riesenhit in Griechenland.

499 **OVERLAST**
*stikstof.bandcamp.com*

Vier flämische Rapper fangen in ihrem melancholischen Hip-Hop die Schattenseiten Brüssels ein. Mit Stikstofs einzigartigem Sound taucht der Zuhörer in das Nachtleben New Yorks ein.

500 **FORMIDABLE**
*mosaert.com*

Die hypnotische Dance-Single erschien 2013, Stromae hatte gerade mit seiner Freundin Schluss gemacht. Im YouTube-Video stolpert er scheinbar betrunken an der Trambahnhaltestelle Louise herum.

# REGISTER

# IMPRESSUM

DEUTSCHE AUSGABE © 2020 BRUCKMANN VERLAG GMBH, INFANTERIESTRASSE 11A, 80797 MÜNCHEN

AUTOR – Derek Blyth

FOTOS – Joram Van Holen – www.joramvanholen.be

ZUSÄTZLICHE FOTOS – S. 94/95 Urban Therapy; Shutterstock: S. 25: Werner Lerooy; S. 51: Alexandros Michailidis; S. 133: Kiev. Victor; S. 134: Pecold; S. 135: Pics Factory; S. 159: Werner Lerooy; S. 167: Ivan Yohan; S. 185: Ivan Yohan; S. 196: Alexandros Michailidis; S. 225: rm; S. 227: Kristof Lauwers

COVERFOTO – Shutterstock – Lois GoBe

LAYOUT – Joke Gossé und Sarah Schrauwen

DEUTSCHE ÜBERSETZUNG UND SATZ – Sabine Tönnies

PROJEKTLEITUNG – Claudia Hohdorf, Sarah Schindler

LEKTORAT – Stefanie Adam

KORREKTORAT – Anke Höhne

HERSTELLUNG – Stephanie Schlemmer

Printed in Slovenia by Florjancic
ISBN 978-3-7343-1874-0

www.the500hiddensecrets.com



★★★★★

Sind Sie mit diesem Titel zufrieden? Dann würden wir uns über Ihre Weiterempfehlung freuen. Erzählen Sie es im Freundeskreis, berichten Sie Ihrem Buchhändler oder bewerten Sie bei Onlinekauf. Und wenn Sie Kritik, Korrekturen, Aktualisierungen haben, freuen wir uns über Ihre Nachricht an: Bruckmann Verlag, Postfach 40 02 09, D-80702 München, oder per E-Mail an: lektorat@verlagshaus.de.

Unser komplettes Buchprogramm finden Sie unter www.bruckmann.de



Die Deutsche Nationalbibliothek verzeichnet diese Publikation in der Deutschen Nationalbibliografie detaillierte bibliografische Daten sind im Internet über http://dnb.d-nb.de abrufbar.